Stilkes Rechtsbibliothek Nr. 143

Die Gesetze des Deutschen Reichs mit systematischen Erläuterungen

Wechselsteuergesetz

vom 2. September 1935

mit Nebenbestimmungen

Zusammengestellt von

Fritz Fricke

Reg.-Oberinspektor im Reichsfinanzministerium

Verlag von Georg Stilke in Berlin

1935

Druck von A. Heine G. m. b. H., Gräfenhainichen

Inhaltsverzeichnis

Vorbemerkung

Das bisher geltende Wechselsteuergesetz vom 12. Juli 1930 (RGBl. I S. 219) beruhte inhaltlich auf dem Wechselsteuergesetz vom 10. August 1923 (RGBl. I S. 778). Es stellte lediglich eine aus Gründen der Übersichtlichkeit vorgenommene Neuauffassung dar und beschränkte sich sachlich darauf, die in der Zwischenzeit durch die Goldumstellung, den Fortfall der Wechselnachsteuer für langfristige Wechsel usw. eingetretenen materiellen Änderungen in den Gesetzestext aufzunehmen.

Inzwischen war das Wechselsteuergesetz von 1930 durch das Einführungsgesetz zum neuen Wechselgesetz, vom 21. Juni 1933 (RGBl. I S. 409) und durch das Steueranpassungsgesetz vom 16. Oktober 1934 (RGBl. I S. 925) verschiedentlich geändert worden. Abgesehen von diesen an sich nicht bedeutsamen Änderungen war aber das Wechselsteuergesetz von 1930 in Form und Aufbau nicht so ausgestaltet, daß es sich in das System des zeitgemäßen deutschen Steuerrechts einfügte. Das Gesetz wies noch zahlreiche Spuren auf, die auf seine Entstehung aus dem um die Mitte des vorigen Jahrhunderts erlassenen ersten Wechselstempelgesetz des Norddeutschen Bundes hindeuteten. Die Durchbildung des Steuersystems, insbesondere die Durchbildung im Sinn einer Vereinheitlichung des Steuerrechts, hat aber insbesondere seit Errichtung einer einheitlichen Reichsfinanzverwaltung wesentliche Fortschritte gemacht. Die Rechtsentwicklung ist immer mehr dahin gegangen, das herauszuarbeiten und zu betonen, was den verschiedenen Steuern gemeinsam ist. Die Zusammenfassung der gemeinsamen Bestimmungen ist in der Reichsabgabenordnung und neuerdings im Steueranpassungsgesetz vorgenommen. In dem Wechselsteuergesetz von 1930 war dieser Entwicklung noch nicht genügend entsprochen. Außerdem haben sich inzwischen im Recht der indirekten Steuern (Verbrauchsteuern und Verkehrsteuern) einheitliche Gesichtspunkte für den äußeren Aufbau der Gesetze herausgebildet, durch deren Berücksichtigung die Systematik des Wechselsteuergesetzes an Klarheit und Übersichtlichkeit nur gewinnen konnte.

Die hier aufgezeigten Mängel des Wechselsteuergesetzes von 1930 sind durch die vorliegende, auf Grund des Gesetzes vom 28. Juni 1935 (RGBl. I S. 810) zur Anpassung einiger Steuergesetze an die Steuergesetze vom 16. Oktober 1934 erlassene Neubekanntmachung des Wechselsteuergesetzes beseitigt. Der Sprachgebrauch des neuen Gesetzes ist dem des neuen Wechselgesetzes angepaßt worden. Soweit im übrigen das neue Wechselsteuergesetz, abgesehen von der Anpassung des Wechselsteuerrechts an die Grundsätze der Reichsabgabenordnung und des Steueranpassungsgesetzes, materielle Änderungen enthält (so z. B. bei der Versteuerung vom Inland auf das Ausland gezogener Tratten, die mit einem inländischen Indossament noch nicht versehen sind — § 1 Ziffer 1 Satz 2, § 11 Absatz 2 Ziffer 1 —; ferner bei der Versteuerung von in mehreren Ausfertigungen ausgestellten Importwechseln — § 2 Absätze 3 bis 5, § 11 Absatz 2 Ziffer 2 — usw.), dienen sie der Beseitigung von Zweifeln, die sich bei der Anwendung des bisher geltenden Gesetzes ergeben haben, und der Sicherung des Steueraufkommens.

Das Wechselsteuergesetz in seiner neuen Fassung gilt ab 7. September 1935, dem auf die Verkündung des Gesetzes folgenden Tag. Am gleichen Tag sind auch die Durchführungsbestimmungen zum Wechselsteuergesetz, vom 2. September 1935, in Kraft getreten.

Berlin, 15. September 1935. **Fritz Fricke.**

Wechselsteuergesetz

Vom 2. September 1935

§ 1

Einzelwechsel

Der Steuer unterliegt:

1. die Aushändigung
   a) eines im Inland ausgestellten Wechsels durch den Aussteller,
   b) eines im Ausland ausgestellten Wechsels durch den ersten inländischen Inhaber.

   Dies gilt nicht, wenn der Wechsel lediglich zur Annahme im Inland versendet oder vorgelegt wird und mit einem inländischen Indossament noch nicht versehen ist;
2. die Rückgabe oder anderweite Aushändigung eines mit einem inländischen Indossament noch nicht versehenen Wechsels durch den inländischen Annehmer, dem der Wechsel lediglich zur Annahme übersendet oder vorgelegt war;
3. die Aushändigung eines mit einer Annahmeerklärung versehenen unvollständigen Wechsels (§ 4 Absatz 2) durch den inländischen Annehmer.

§ 2

Ausfertigung mehrerer Stücke eines Wechsels

(1) Wird der Wechsel in mehreren gleichen Ausfertigungen ausgestellt, die im Text der Urkunde mit fortlaufenden Nummern versehen sind, so unterliegt nur die Aushändigung (§ 1) der zum Umlauf bestimmten Ausfertigung (Umlaufstück) der Steuer.

(2) Ist auf eine nicht zum Umlauf bestimmte Ausfertigung eine Wechselerklärung gesetzt, die im Umlaufstück nicht enthalten ist, so unterliegt der Steuer auch die Aushändigung der Ausfertigung

1. durch den Unterzeichner der Wechselerklärung, wenn sie im Inland abgegeben ist;
2. durch den ersten inländischen Inhaber, wenn die Wechselerklärung im Ausland abgegeben ist.

Eine Annahmeerklärung gilt nicht als Wechselerklärung im Sinn dieses Absatzes.

(3) Ist eine zum Umlauf im Inland nicht bestimmte Ausfertigung dem inländischen Bezogenen lediglich zur Annahme übersendet oder vorgelegt worden und hat er auf sie eine Annahmeerklärung gesetzt, die im Umlaufstück nicht enthalten ist, so unterliegt der Steuer auch die Rückgabe oder anderweite Aushändigung der Ausfertigung. Dies gilt nicht, wenn die Ausfertigung an den inländischen Aussteller, den ersten inländischen Inhaber oder an einen inländischen Verwahrer ausgehändigt und die Rückseite der Ausfertigung vorher so durchkreuzt wird, daß sie zum Indossieren nicht mehr benutzt werden kann.

(4) Der Steuer unterliegt auch die Aushändigung einer nicht zum Umlauf bestimmten Ausfertigung durch den inländischen Verwahrer, wenn die Ausfertigung mit einer An-

nahmeerklärung versehen und ihre Rückseite durchkreuzt ist (Absatz 3 Satz 2). Dies gilt nicht,

1. wenn dem Verwahrer eine versteuerte Ausfertigung oder Abschrift des Wechsels vorgelegt wird;
2. wenn der Wechsel im Inland zahlbar ist und dem Verwahrer eine unversteuerte Ausfertigung oder Abschrift vorgelegt wird, deren Rückseite so durchkreuzt ist, daß sie zum Indossieren nicht benutzt werden kann.

(5) Soll eine nicht zum Umlauf bestimmte, unversteuerte Ausfertigung im Inland ohne Auslieferung einer versteuerten Ausfertigung bezahlt oder im Inland mangels Annahme oder Zahlung protestiert werden, so unterliegt der Steuer auch die Aushändigung der nicht zum Umlauf bestimmten Ausfertigung.

§ 3

Wechselabschriften

Die Vorschriften des § 2 Absätze 2 und 5 gelten entsprechend für Wechselabschriften, die mit einem urschriftlichen Indossament oder mit einer anderen urschriftlichen Wechselerklärung versehen sind.

§ 4

Wechsel

(1) Wechsel sind gezogene und eigene Wechsel.

(2) Als Wechsel im Sinn dieses Gesetzes gilt auch eine unvollständige Urkunde, wenn vereinbart ist, daß sie vervollständigt werden darf (unvollständiger Wechsel). Diese Vereinbarung wird vermutet, wenn die Urkunde als Wechsel bezeichnet ist.

§ 5

Wechselähnliche Urkunden

(1) Die für Wechsel gegebenen Vorschriften dieses Gesetzes gelten entsprechend für

1. eine Anweisung über die Zahlung von Geld, die
   a) durch Indossament übertragen werden kann oder
   b) auf den Inhaber lautet oder
   c) an jeden Inhaber bezahlt werden kann;
2. einen Verpflichtungsschein über die Zahlung von Geld, der durch Indossament übertragen werden kann.

(2) Es macht keinen Unterschied, ob die im Absatz 1 bezeichneten Urkunden als Briefe oder in anderer Form ausgestellt werden.

§ 6

Ausnahmen von der Besteuerung

(1) Von der Besteuerung ist ausgenommen die Aushändigung

1. eines vom Ausland auf das Ausland gezogenen Wechsels und eines im Ausland ausgestellten eigenen Wechsels, wenn die Wechsel im Ausland zahlbar sind;
2. eines vom Inland auf das Ausland gezogenen Wechsels, wenn er nur im Ausland, und zwar auf Sicht oder innerhalb zehn Tagen nach dem Ausstellungstag zahlbar ist und vom Aussteller unmittelbar ins Ausland versendet wird;
3. eines Schecks, der den Vorschriften des Scheckgesetzes entspricht;

4. einer auf Sicht zahlbaren Platzanweisung, die eine Barzahlung ersetzt und kein Scheck ist. Der Platzanweisung steht eine auf Sicht zahlbare Anweisung gleich, die an einem Nachbarort des Ausstellungsorts zahlbar ist; als Nachbarorte gelten Orte, die Artikel 88 Absatz 2 des Wechselgesetzes gemäß als benachbart anzusehen sind.

(2) Die Ausnahme von der Besteuerung gilt nicht für die Aushändigung von Schecks und Platzanweisungen, die mit einer rechtlich wirksamen Annahmeerklärung versehen sind. Die Ausnahme gilt jedoch für die Aushändigung eines bestätigten Reichsbankschecks.

§ 7

Besteuerungsgrundlage

(1) Die Steuer wird von der Wechselsumme berechnet.

(2) Ist in einem unvollständigen Wechsel (§ 4 Absatz 2) die Wechselsumme nicht angegeben, so ist die Steuer nach einer Summe von 10000 Reichsmark zu berechnen. Wird nachträglich in den Wechsel eine Wechselsumme von mehr als 10000 Reichsmark eingetragen, so ist die Steuer von der Wechselsumme unter Anrechnung der bereits gezahlten Steuer zu berechnen.

(3) Zur Berechnung der Steuer kann der Reichsminister der Finanzen für die in anderer als Reichswährung ausgedrückten Wechselsummen Mittelwerte festsetzen. Soweit dies nicht geschehen ist, wird die ausländische Währung nach dem laufenden Kurs für Auszahlungen (Mittelkurs) zur Zeit der Entstehung der Steuerschuld (§§ 1 bis 3 des Gesetzes, § 3 Absatz 1 des Steueranpassungsgesetzes) umgerechnet.

§ 8

Steuersatz

(1) Die Steuer beträgt 10 Reichspfennig für je 100 Reichsmark oder einen Bruchteil dieses Betrags.

(2) Die Steuer ermäßigt sich auf die Hälfte:

1. bei einem Wechsel, der vom Inland auf das Ausland gezogen und im Ausland zahlbar ist;
2. bei einem Wechsel, der vom Ausland auf das Inland gezogen und im Inland zahlbar ist, wenn er auf Reichsmark lautet.

(3) Die ermäßigte Steuer (Absatz 2) beträgt mindestens 10 Reichspfennig. Höhere Steuerbeträge sind auf volle 10 Reichspfennig nach oben abzurunden.

§ 9

Steuerschuldner

(1) Steuerschuldner ist, wer den Wechsel im Zeitpunkt der Entstehung der Steuerschuld (§§ 1 bis 3 des Gesetzes, § 3 Absatz 1 des Steueranpassungsgesetzes) aushändigt.

(2) Für die Steuer haftet, wer im Inland

1. eine Wechselerklärung (Beispiele: Ausstellungserklärung, Annahmeerklärung, Indossament) auf den Wechsel gesetzt hat;
2. den Wechsel für eigene oder fremde Rechnung erwirbt, ihn veräußert, verpfändet oder als Sicherheit annimmt;
3. den Wechsel zur Zahlung vorlegt, Zahlung darauf empfängt oder leistet oder eine Quittung darauf setzt;
4. mangels Annahme oder Zahlung Protest erheben läßt.

§ 10

Fälligkeit

Die Steuer wird mit Entstehung der Steuerschuld (§§ 1 bis 3 des Gesetzes, § 3 Absatz 1 des Steueranpassungsgesetzes) fällig.

§ 11

Erstattung

(1) Ist eine Wechselsteuer, die nicht festgesetzt worden ist, zu Unrecht entrichtet, so wird sie auf Antrag erstattet.

(2) Die Steuer wird außerdem auf Antrag erstattet,

1. wenn der ausländische Bezogene, dem der mit einem inländischen Indossament noch nicht versehene Wechsel lediglich zur Annahme übersendet oder vorgelegt war, die Annahme abgelehnt hat;
2. wenn der inländische Annehmer eine zum Umlauf im Inland nicht bestimmte Ausfertigung, die ihm lediglich zur Annahme übersendet oder vorgelegt war, ausgehändigt (§ 2 Absatz 3 Satz 1) und die Aushändigung einer anderen Ausfertigung der Steuer nach diesem Gesetz unterlegen hat;
3. wenn in einem unvollständigen Wechsel (§ 4 Absatz 2) nachträglich eine Wechselsumme eingetragen wird, die niedriger ist als 10 000 Reichsmark (§ 7 Absatz 2); die Steuer wird nur insoweit erstattet, als sie auf den Unterschiedsbetrag entfällt.

§ 12

Prüfungspflicht der Behörden und Beamten

(1) Behörden des Reichs, eines Landes oder einer Gemeinde und Beamte, denen eine richterliche oder polizeiliche

Gewalt anvertraut ist, müssen die ihnen vorgelegten Wechsel und wechselähnlichen Urkunden (§ 5) darauf prüfen, ob die Wechselsteuer entrichtet ist.

(2) Die gleiche Verpflichtung haben Notare, Postbeamte und andere Beamte, die Wechselproteste aufnehmen. Sie müssen auf der nach dem Wechselgesetz zurückbehaltenden Abschrift des Protestes vermerken, welche Wechselsteuer zu der protestierten Urkunde entrichtet ist. Ist keine Steuer entrichtet, so ist dies zu vermerken.

§ 13

Strafbestimmung für Kommissionäre und Vermittler

Wenn Kommissionäre, Makler oder sonstige Vermittler vorsätzlich Geschäfte über Wechsel, für die Wechselsteuer hinterzogen ist, abschließen oder vermitteln, so gilt die gleiche Strafe wie für Hinterziehung.

§ 14

Helgoland

Für das Gebiet der Insel Helgoland wird der Zeitpunkt des Inkrafttretens durch Verordnung des Führers und Reichskanzlers festgesetzt.

Begründung

Im allgemeinen

Die einheitliche Besteuerung der Wechsel in Deutschland beruht auf dem Gesetz, betreffend die Wechselstempelsteuer im Norddeutschen Bunde, vom 10. Juni 1869 (Bundesgesetzbl. S. 193). Nachdem dieses Bundesgesetz auf das ganze Reichsgebiet ausgedehnt worden war, ist es mehrfach geändert und in neuen Fassungen bekanntgemacht worden. Durch Gesetz vom 4. März 1909 (Reichsgesetzbl. S. 310) wurden die Strafvorschriften gemildert, der Rechtsweg zugelassen und die Verjährung der Abgabe geregelt. Das Gesetz erhielt die Bezeichnung Wechselstempelgesetz. Durch Gesetz vom 15. Juli 1909 (Reichsgesetzbl. S. 825) wurde die „weitere Abgabe" für langfristige Wechsel eingeführt und die Steuerpflicht auf unvollständige Wechsel ausgedehnt. Durch Gesetz vom 26. Juli 1918 (Reichsgesetzbl. S. 830) wurden die Steuersätze erhöht und die Bestimmung eingeführt, daß der Akzeptant die Steuer vor Aushändigung eines Blankoakzepts zu entrichten habe. Das Wechselstempelgesetz wurde durch Verordnung vom 18. Juni 1923 (Reichsgesetzbl. I S. 403) der Reichsabgabenordnung angepaßt. Dabei wurde insbesondere der Zeitpunkt der Entstehung der Steuerschuld und die Person des Steuerschuldners deutlicher bestimmt. Da in der Verordnung vom 18. Juni 1923 die Möglichkeit gegeben war, die Steuer in jeder beliebigen Entrichtungsform zu erheben, wurde die Steuer als Wechsel*steuer* bezeichnet und die bisherige Bezeichnung als Wechsel*stempel* aufgegeben. Durch Artikel II des Gesetzes zur Änderung des Kapitalverkehrsteuergesetzes und des Wechselsteuergesetzes, vom 9. Juli 1923 (Reichsgesetzbl. I S. 555) wurde die Nachsteuer (weitere Abgabe) für langfristige Wechsel beseitigt. Die durch Gesetz vom 15. Juli 1909 eingeführte weitere Abgabe war jeweils nach Ablauf eines bestimmten Zeitraums (9 bzw. 6 Monate) zu entrichten. Nach dem Gesetz vom 9. Juli 1923 war für langfristige Wechsel nur die Wechselhauptsteuer für die ganze Laufzeit des Wechsels in einem Betrag zu zahlen. Der Steuersatz war je nach der Länge der Laufzeit des Wechsels gestaffelt. Außerdem wurden durch das Gesetz vom 9. Juli 1923 die Steuersätze verdoppelt. Durch Gesetz vom 10. August 1923 (Reichsgesetzbl. I S. 778) wurde der Wortlaut des Wechselsteuergesetzes neu bekanntgemacht. Durch Artikel III des Gesetzes zur Änderung der Verkehrsteuern und des Verfahrens vom 10. August 1925 (Reichsgesetzbl. I S. 241) wurde die Steuer auf die jetzigen Steuersätze herabgesetzt. Für Wechsel, die vom Inland auf das Ausland gezogen und nur im Ausland zahlbar sind, wurde die herabgesetzte Steuer weiter auf die Hälfte ermäßigt. Durch Gesetz vom 29. Juni 1929 (Reichsgesetzbl. I S. 124) wurde die Steuer auch für solche Wechsel auf die Hälfte ermäßigt, die vom Ausland auf das Inland gezogen und im Inland zahlbar sind, wenn die Wechsel auf Reichsmark lauten. Außerdem wurde durch dieses Gesetz die erhöhte Steuer für langfristige Wechsel (die „weitere Abgabe" des Gesetzes vom 15. Juli 1909) beseitigt. Durch Gesetz vom 28. März 1930 (Reichsgesetzbl. I S. 107) wurde die Besteuerung von vordatierten Schecks aufgegeben. Das Wechselsteuergesetz wurde durch Bekanntmachung vom 12. Juli 1930 (Reichsgesetzbl. I S. 219) neu gefaßt. Das bisherige Wechselsteuergesetz in der Fassung vom 12. Juli 1930 ist geändert worden durch Artikel 6 des Einführungsgesetzes zum Wechselgesetz, vom 21. Juni 1933 (Reichsgesetzbl. I S. 409) und durch § 45 Absatz 3 Ziffer 5 des Steueranpassungsgesetzes vom 16. Oktober 1934 (Reichsgesetzbl. I S. 925) [1]. Durch § 45 des Steueranpassungsgesetzes sind die

---

[1]) Reichssteuerbl. 1934 S. 1149.

§§ 4 Absatz 3, 17, 20, 22, 23 und 25 des bisherigen Wechselsteuergesetzes gestrichen worden.

Das Wechselsteuergesetz steht in engem Zusammenhang mit dem Wechselgesetz und dem Scheckgesetz. Zur Durchführung der internationalen Abkommen zur Vereinheitlichung des Wechselrechts und des Scheckrechts ist das Wechselgesetz vom 21. Juni 1933 (Reichsgesetzbl. I S. 399) und das Scheckgesetz vom 14. August 1933 (Reichsgesetzbl. I S. 597) erlassen worden. Durch Artikel 6 des Deutschen Einführungsgesetzes zum Wechselgesetz, vom 21. Juni 1933 (Reichsgesetzbl. I S. 409) ist der Reichsminister der Finanzen ermächtigt worden, den Wortlaut des Wechselsteuergesetzes an den Sprachgebrauch des Wechselgesetzes anzupassen und die sich aus der Anpassung ergebende Fassung des Wechselsteuergesetzes neu bekantzumachen. Der Reichsminister der Finanzen ist durch Gesetz vom 28. Juni 1935 (Reichsgesetzbl. I S. 810)[1]) außerdem ermächtigt worden, bei der neuen Bekanntmachung des Wechselsteuergesetzes Gesetzesänderungen zu berücksichtigen, Unstimmigkeiten zu beseitigen und solche Änderungen vorzunehmen, die das Gesetz in Übereinstimmung mit den Steuergesetzen vom 16. Oktober 1934 und den Grundsätzen der Reichsabgabenordnung bringen. Auch kann der Reichsminister der Finanzen Umstellungen und solche Änderungen vornehmen, die zur Behebung von Zweifeln dienen.

Bei der Neufassung des Gesetzes haben die einheitlichen Gesichtspunkte, die sich im Recht der indirekten Steuern (Verbrauchsteuern und Verkehrsteuern) für den Aufbau der Gesetze herausgebildet haben, Berücksichtigung gefunden. Das neue Gesetz ist nach den folgenden Gesichtspunkten aufgebaut:

1. Gegenstand der Besteuerung (Bezeichnung des Vorgangs, an den das Gesetz die Besteuerung knüpft, dessen Verwirklichung mithin die Entstehung der Steuerschuld herbeiführt),

[1]) Reichssteuerbl. 1935 S. 897.

2. Ausnahmen von der Besteuerung,
3. Besteuerungsgrundlage,
4. Steuersatz,
5. Steuerschuldner und haftpflichtige Personen,
6. Fälligkeit der Steuer.

Der Sprachgebrauch der Neufassung ist dem des neuen Wechselgesetzes angepaßt worden. So sind z. B. die Worte „Akzeptant" durch „Annehmer", „Blankoakzept" durch „mit einer Annahmeerklärung versehener unvollständiger Wechsel" und „präsentieren" durch „vorlegen" ersetzt worden.

Die Neufassung hält sich im Rahmen der Ermächtigung. Durch die Fassungsänderungen wird der Wechselverkehr nicht stärker belastet als bisher.

Im besonderen

Zu § 1

Einzelwechsel

§ 1 regelt den steuerlichen Tatbestand, soweit es sich um Rechtsvorgänge bei Einzelwechseln handelt. § 1 entspricht also den §§ 1 und 5 des bisherigen Gesetzes. Bereits in der Begründung zum Gesetz, betreffend die Wechselstempelsteuer im Norddeutschen Bunde (Drucksachen des Reichstags des Norddeutschen Bundes von 1869 Nr. 154), ist ausgeführt, daß die Wechselstempelsteuer nicht eine Besteuerung des Papiers sei, sondern daß das Wechselgeschäft selbst besteuert werden solle. Nach § 1 des bisherigen Gesetzes unterlagen gezogene und eigene Wechsel der Steuer. Im § 5 des bisherigen Gesetzes war die Entstehung der Steuerschuld an die Aushändigung des Wechsels geknüpft. Diese Trennung des Gegenstands der Steuer von der Entstehung der Steuerschuld stand nicht im Einklang mit den Grundsätzen der Reichsabgabenordnung und des Steueranpassungsgesetzes. Die Entstehung der Steuerschuld ist eine Folge der Verwirklichung des gesetzlichen Tatbestands. Nach § 3 Absatz 1 des Steueranpassungsgesetzes entsteht die Steuerschuld, sobald der Tatbestand verwirklicht ist, an den das Gesetz die Steuer knüpft. Bei richtiger Abgrenzung des steuerlichen Tatbestands erübrigt sich also eine Bestimmung über die Entstehung der Steuerschuld. Die Wechselsteuer ist eine Rechtsverkehrsteuer. Rechtsverkehrsteuern sind an bestimmte Vorgänge des Rechtsverkehrs geknüpft. Gegenstand der Steuer kann also nicht der Wechsel als Urkunde sein. Der Wechselsteuer können nur bestimmte Rechtsvorgänge unterliegen, die einen Wechsel betreffen. Als solche kommen die im § 5 des bisherigen Gesetzes aufgeführten Vorgänge in Betracht. Diese Rechtsvorgänge unterliegen nach § 1 der Neufassung der Steuer. Die Neufassung paßt also im § 1 die Bestimmungen der §§ 1 und 5 des bisherigen Gesetzes den Grundsätzen der Reichsabgabenordnung und des Steueranpassungsgesetzes an.

Der Rechtsvorgang des § 1 Ziffer 1 ist die Aushändigung eines Wechsels. Das entspricht sachlich dem § 5 Absatz 1 des bisherigen Gesetzes, wonach die Steuerschuld entstand, wenn ein Wechsel aus den Händen gegeben wurde. Die Änderung im Ausdruck beruht nur auf sprachlichen Gründen. Für die Auslegung des Worts „Aushändigung" ist also die Rechtsprechung des Reichsgerichts und des Reichsfinanzhofs maßgebend, durch welche die Bedeutung der Worte „aus den Händen geben" geklärt ist. Ein „Aus-den-Händen-geben" hat das Reichsgericht nur in einer Aushändigung gefunden, „welche dazu dient, den Wechsel in Umlauf zu bringen oder sonst Geschäfte damit zu machen, überhaupt also eine wechselrechtlich oder außerwechselrechtlich bedeutsame Handlung vorzunehmen, welche den Zweck hat, in irgendeiner Weise den Wechselanspruch zu verwirklichen" (Reichsgericht in Strafsachen Bd. 31 S. 274, Bd. 36 S. 34). Dieser Auslegung des Reichsgerichts hat sich der Reichsfinanzhof angeschlossen (Urteil des RFH. vom 19. Januar 1933, II A 357/32, Steuer und Wirtschaft 1933 Nr. 578).

Grundsätzlich unterliegt der Steuer jede Aushändigung eines im Inland ausgestellten Wechsels durch den Aussteller und eines im Ausland ausgestellten Wechsels durch den ersten inländischen Inhaber. Von diesem Grundsatz ist eine Ausnahme gemacht, die mit einer Einschränkung dem § 5 Absatz 2 des bisherigen Gesetzes entspricht. Die Aushändigung eines Wechsels unterliegt dann nicht der Steuer, wenn der Aussteller oder erste inländische Inhaber den Wechsel lediglich zur Annahme im Inland versendet oder vorlegt und wenn der Wechsel mit einem inländischen Indossament nicht versehen ist. Der Aussteller oder erste inländische Inhaber darf also den Wechsel nur dann unversteuert aushändigen, wenn zwei Voraussetzungen nebeneinander erfüllt sind, nämlich wenn

1. der Wechsel lediglich zur Annahme im Inland versendet oder vorgelegt wird und
2. der Wechsel im Zeitpunkt der Versendung oder Vorlegung mit einem inländischen Indossament noch nicht versehen ist.

Durch die steuerfreie Versendung oder Vorlegung soll dem Aussteller und dem ersten inländischen Inhaber Gelegenheit gegeben werden, sich zunächst Gewißheit darüber zu verschaffen, ob der Wechsel von dem Bezogenen angenommen werden, ob er also überhaupt wirtschaftlichen Zwecken dienen wird (Begründung zum Gesetz, betreffend die Wechselstempelsteuer im Norddeutschen Bund a. a. O. Nr. 513).

Die steuerfreie Aushändigung durch den Aussteller oder ersten inländischen Inhaber ist nach der Neufassung (§ 1 Ziffer 1 Satz 2) nur zulässig, wenn der Wechsel zur Annahme im Inland versendet oder vorgelegt wird. Nach § 5 Absatz 2 des bisherigen Gesetzes konnte ein vom Inland auf das Ausland gezogener Wechsel auch dann steuerfrei ausgehändigt werden, wenn der Wechsel an den ausländischen Bezogenen zur Annahme versendet wurde. In diesem Fall entstand nach dem bisherigen Gesetz die Steuerschuld erst, wenn der Wechsel vom ausländischen Annehmer zurückgegeben oder anderweit ausgehändigt wurde. Die Steuerschuld entstand also durch einen Rechtsvorgang, der sich im Ausland ereignete. Ob der ausländische Annehmer Steuerschuldner (§ 6) war, war zweifelhaft. Im Inland entstand eine Steuerschuld erst, wenn nach Rückgabe des Wechsels an den Aussteller dieser eine der im § 11 des bisherigen Gesetzes bezeichneten Handlungen vornahm. Bis zu diesem Zeitpunkt haftete der Aussteller lediglich für die im Ausland entstandene Steuerschuld (§ 7 des bisherigen Gesetzes). Diese Regelung des bisherigen Gesetzes übernimmt die Neufassung nicht. Es erscheint nicht angebracht, einen Rechtsvorgang, der sich im Ausland abspielt, der deutschen Steuer zu unterwerfen. Selbst wenn man den ausländischen Annehmer als Steuerschuldner ansieht, unterliegt er nicht dem Zugriff der deutschen Steuerhoheit. Nach der Neufassung ist die steuerfreie Aushändigung eines Wechsels durch den Aussteller oder ersten inländischen Inhaber daher nur zulässig, wenn der Wechsel zur Annahme im Inland versendet oder vorgelegt wird. Die Neufassung paßt also im § 1 Ziffer 1 Satz 2 die Vorschrift des § 5 Absatz 2 des bisherigen Gesetzes den Grundsätzen der Reichsabgabenordnung an und beseitigt den Zweifel, wer im Fall des § 5 Absatz 2 Steuerschuldner war.

Durch diese Regelung der Neufassung wird der inländische Aussteller eines auf das Ausland gezogenen Wechsels steuerlich nicht mehr belastet als nach dem bisherigen Gesetz. Nur die Verpflichtung zur Entrichtung der Steuer wird auf einen früheren Zeitpunkt verlegt. Der inländische Aussteller durfte nach dem bisherigen Gesetz den Wechsel unversteuert nur aus den Händen geben, wenn er ihn dem ausländischen

Bezogenen lediglich zur Annahme übersandte. Gab der inländische Aussteller dem ausländischen Bezogenen bei der Übersendung des Wechsels die Weisung, den Wechsel an eine andere Person (z. B. den Remittenten) im Ausland auszuhändigen, so versandte er den Wechsel nicht lediglich zur Annahme. Der ausländische Bezogene, dem der Wechsel lediglich zur Annahme übersendet war, mußte den Wechsel also an den inländischen Aussteller zurücksenden. Vom Empfang des Wechsels ab haftete der Aussteller für die Steuer (§ 7). Steuerschuldner wurde der Aussteller, wenn er eine der im § 11 bezeichneten Handlungen vornahm. In diesem Zeitpunkt mußte der Aussteller also nach dem bisherigen Gesetz die Steuer jedenfalls entrichten. Nach der Neufassung muß er dies bereits bei der Übersendung des Wechsels tun. Der Unterschied gegenüber dem bisherigen Gesetz ist also nur ein zeitlicher.

Hat der inländische Aussteller für die Aushändigung eines Wechsels, den er dem ausländischen Bezogenen lediglich zur Annahme übersendet oder vorgelegt hat, die Steuer entrichtet, der ausländische Bezogene aber die Annahme abgelehnt, so wird die Steuer nach § 11 Absatz 2 Ziffer 1 der Neufassung auf Antrag erstattet. Dadurch, daß dem inländischen Aussteller in diesem Fall die Steuer erstattet wird, wird eine Mehrbelastung des inländischen Wechselverkehrs gegenüber dem bisherigen Gesetz vermieden.

Die Regelung der Ziffer 2 des § 1 hängt eng mit der in der Ziffer 1 gemachten Ausnahme zusammen. Hatte der Aussteller oder erste inländische Inhaber den Wechsel dem inländischen Bezogenen unversteuert übersendet oder vorgelegt, so unterliegt die Rückgabe oder anderweite Aushändigung des Wechsels durch den inländischen Annehmer der Steuer. Das entspricht der Regelung des § 5 Absatz 2 des bisherigen Gesetzes mit der Einschränkung, daß nur die Rückgabe oder anderweite Aushändigung durch den inländischen Annehmer der Steuer unterliegt. Diese Einschränkung beruht auf den oben ausgeführten Gründen.

Die Ziffer 3 des § 1 entspricht dem § 5 Absatz 1 des bisherigen Gesetzes, wonach die Steuerschuld entstand, wenn ein Blankoakzept von dem Akzeptanten aus den Händen gegeben wurde. Die Fassung der Ziffer 3 ist dem Sprachgebrauch des Wechselgesetzes angepaßt. Auch in der Ziffer 3 war aus den obigen Gründen gegenüber dem bisherigen Gesetz die Einschränkung erforderlich, daß nur die Aushändigung durch den inländischen Annehmer der Steuer unterliegt.

Die Worte „inländischer Wechsel" im § 5 des bisherigen Gesetzes sind im § 1 der Neufassung durch die Worte „im Inland ausgestellter Wechsel" ersetzt worden. Entsprechend sind an die Stelle der Worte „ausländischer Wechsel" die Worte „im Ausland ausgestellter Wechsel" getreten. Durch diese abweichende Wortfassung sollen etwaige Zweifel darüber, was ein inländischer und ein ausländischer Wechsel ist, vermieden werden. Damit ist zugleich klargestellt, daß ein Wechsel, der im Inland ausgestellt, in dessen Text aber ein ausländischer Ort als Ausstellungsort angegeben ist, der Steuer nach § 1 Ziffer 1 zu a der Neufassung unterliegt. Das entspricht dem bisherigen Recht (RG. in Strafsachen Band. 32 S. 130).

Die Worte „inländischer Inhaber", „inländischer Annehmer" haben zu Zweifeln keinen Anlaß gegeben. Auf die Staatsangehörigkeit des Inhabers oder Annehmers kommt es nicht an, entscheidend ist das rein räumliche Verhältnis, d. h. entscheidend ist, ob der Inhaber oder Annehmer sich im Inland befindet. Ein Ausländer, der sich vorübergehend im Inland aufhält und einen Wechsel erwirbt oder annimmt, ist also inländischer Inhaber bzw. Annehmer des Wechsels. Unter einem „inländischen Indossament" ist ein Indossament zu verstehen, das im Inland auf den Wechsel gesetzt wird.

Zu § 2

Ausfertigung mehrerer Stücke eines Wechsels

Im § 2 der Neufassung sind die Bestimmungen der §§ 12, 14 und 15 des bisherigen Gesetzes zusammengefaßt. Während im § 1 der Neufassung die steuerlichen Tatbestände für Einzelwechsel geregelt sind, werden im § 2 die Tatbestände für Wechsel festgelegt, die in mehreren Ausfertigungen ausgestellt sind. Die §§ 1 und 2 der Neufassung enthalten also den Gegenstand der Steuer. Hierzu tritt ergänzend der § 3 der Neufassung, in dem die Regelung für Wechselabschriften durch Bezugnahme auf § 2 getroffen ist. Die §§ 1 bis 3 der Neufassung gehören also insoweit zusammen, als sie den Gegenstand der Steuer regeln. Aus Gründen der Übersichtlichkeit des Gesetzes sind die Vorschriften nicht in einem Paragraphen zusammengefaßt, sondern auf die §§ 1 bis 3 verteilt worden.

Die Ausfertigung mehrerer Stücke eines Wechsels dient dem Zweck, den Umlauf des Wechsels, d. h. dessen weitere Indossierung, zu ermöglichen, während der Wechsel zur Annahme versendet ist. Die Ausfertigung eines Wechsels in mehreren Stücken hat also praktische Bedeutung nur dann, wenn der Bezogene von dem Ort weit entfernt wohnt, wo der Wechsel ausgestellt ist oder umläuft, wenn also die Versendung des Wechsels zur Annahme und dessen Rücksendung eine längere Zeit in Anspruch nimmt. Das ist heute nicht mehr im innerdeutschen Verkehr, sondern im wesentlichen im Überseeverkehr der Fall (Staub-Stranz, Kommentar zum Wechselgesetz, 13. Auflage, Vorbem. vor Art. 64). Die mehreren Ausfertigungen sind Träger derselben Wechselverpflichtung; sie verkörpern eine einheitliche Wechselverbindlichkeit, soweit die Ausfertigungen inhaltlich übereinstimmen. Da von der Wechselsteuer das Wechselgeschäft selbst durch die Besteuerung bestimmter Rechtsvorgänge (§ 1) erfaßt werden soll, kann die Steuer nur einmal erhoben werden, wenn es sich um mehrere Ausfertigungen desselben Wechsels handelt. Im § 2 Absatz 1 der Neufassung ist daher in Übereinstimmung mit § 12 Absatz 1 des bisherigen Gesetzes der Grundsatz festgelegt, daß der Steuer nur die Aushändigung (§ 1) der zum Umlauf bestimmten Ausfertigung (Umlaufstück) unterliegt. Es unterliegen also alle im § 1 aufgeführten Rechtsvorgänge, die das Umlaufstück betreffen, der Steuer. Von diesem Grundsatz sind in den Absätzen 2 bis 5 des § 2 Ausnahmen gemacht. In diesen Fällen unterliegt auch die Aushändigung der nicht zum Umlauf bestimmten Ausfertigung der Steuer. In den Fällen der Absätze 2 und 3 beruht die Ausnahme darauf, daß auf die nicht zum Umlauf bestimmte Ausfertigung Wechselerklärungen gesetzt werden, die im Umlaufstück nicht enthalten sind, daß die Ausfertigung also zum Träger einer neuen Wechselerklärung wird. In den Fällen der Absätze 4 und 5 dient die Ausnahme der Sicherung des Steueraufkommens.

Zu § 2 Absatz 2

§ 2 Absatz 2 der Neufassung entspricht dem § 12 Absatz 2 des bisherigen Gesetzes. § 12 Absatz 2 galt für Wechselerklärungen, „ausgenommen Akzepte und Notadressen". Die Neufassung nimmt in § 2 Absatz 2 nur die Annahmeerklärung aus und erwähnt die Notadresse nicht. Die Notadresse ist keine Wechselerklärung. Sie war im bisherigen Gesetz nur deshalb als eine Ausnahme genannt worden, um etwaigen Zweifeln vorzubeugen (Stenographische Berichte über die Verhandlungen des Reichstags des Norddeutschen Bundes, Session 1869, 2. Bd. S. 1203). Da die Notadresse keine Wechselerklärung ist, hält das neue Gesetz ihre Erwähnung nicht für erforderlich. Die Annahmeerklärung ist wegen ihrer besonderen Bedeutung für den Wechselverkehr von den Wechselerklärungen im Absatz 2 ausgenommen und im Absatz 3 gesondert geregelt.

Zu § 2 Absatz 3

§ 2 Absatz 3 der Neufassung entspricht dem § 14 des bisherigen Gesetzes. Im § 2 Absatz 3 Satz 1 der Neufassung ist abweichend von § 14 des bisherigen Gesetzes zunächst positiv bestimmt, daß der Steuer auch die Rückgabe oder anderweite Aushändigung einer nicht zum Umlauf im Inland bestimmten Ausfertigung durch den inländischen Annehmer unterliegt, wenn ihm die Ausfertigung lediglich zur Annahme übersendet oder vorgelegt war und er auf sie eine Annahmeerklärung gesetzt hat, die im Umlaufsstück nicht enthalten ist.

Im § 2 Absatz 3 Satz 2 der Neufassung sind die Voraussetzungen geregelt, unter denen der Annehmer die nicht zum Umlauf bestimmte Ausfertigung unversteuert aushändigen darf. Die Versteuerung der Aushändigung der nicht zum Umlauf bestimmten Ausfertigung soll nicht zu einer Doppelbelastung der Wechselerklärung führen, die in mehreren Ausfertigungen verkörpert ist. Es soll nur erreicht werden, daß jedenfalls einmal die Steuer entrichtet wird. Die Aushändigung der nicht zum Umlauf bestimmten Ausfertigung kann daher in den Fällen von der Besteuerung ausgenommen werden, in denen die Steuer für die Aushändigung des Umlaufstücks unter allen Umständen entrichtet werden muß. Das ist der Fall bei den vom Inland auf das Inland gezogenen Wechseln. Durchkreuzt der inländische Annehmer die Rückseite der Ausfertigung, die ihm lediglich zur Annahme übersendet war, so muß der Aussteller, wenn er den Wechsel in den Verkehr bringen will, eine andere Ausfertigung aushändigen. Diese Aushändigung unterliegt der Steuer (§ 2 Absatz 1, § 1 Ziffer 1 der Neufassung). Es würde zu einer Doppelbelastung führen, wenn auch die Rückgabe der nicht zum Umlauf bestimmten Ausfertigung durch den Annehmer der Steuer unterworfen würde. Die Rückgabe der nicht zum Umlauf bestimmten Ausfertigung an den inländischen Aussteller ist daher in Übereinstimmung mit dem geltenden Gesetz von der Besteuerung ausgenommen.

Ist aber bei einem vom Ausland auf das Inland gezogenen Wechsel eine nicht zum Umlauf im Inland bestimmte Ausfertigung vom ausländischen Aussteller oder einem ausländischen Indossatar unmittelbar dem inländischen Bezogenen lediglich zur Annahme übersendet worden, so darf der inländische Annehmer die Ausfertigung nicht steuerfrei zurückgeben. Insoweit schränkt das neue Gesetz die Möglichkeit der steuerfreien Aushändigung einer nicht zum Umlauf bestimmten Ausfertigung durch den Annehmer gegenüber dem bisherigen Gesetz ein. Diese Einschränkung ist erforderlich im Hinblick auf einen vom Ausland auf das Inland gezogenen Wechsel, der im Ausland zahlbar ist. Könnte in einem solchen Fall die Ausfertigung durch den Annehmer steuerfrei ins Ausland zurückgegeben werden, so bestünde keine Gewähr dafür, daß im Inland eine Steuer entrichtet wird. Nach § 14 des bisherigen Gesetzes war der Annehmer zur Versteuerung nicht verpflichtet, wenn eine nicht zum Umlauf im Inland bestimmte Ausfertigung zur Einholung des Akzepts benutzt wurde und der Annehmer die Rückseite der angenommenen Ausfertigung vor der Rückgabe derart durchkreuzte, daß dadurch die weitere Benutzung zum Indossieren ausgeschlossen wurde. Es war also kein Unterschied gemacht, ob der Annehmer die Ausfertigung an einen Inländer oder Ausländer zurückgab. Die Einschränkung im neuen Gesetz hängt mit der Regelung des § 2 Absatz 5 des neuen Gesetzes zusammen. § 2 Absatz 5 entspricht dem § 12 Absatz 3 des bisherigen Gesetzes. Nach § 12 Absatz 3 des bisherigen Gesetzes war es zweifelhaft, ob vom Ausland auf das Inland gezogene Wechsel, die im Ausland zahlbar sind, der Steuer auch dann unterliegen, wenn sie in mehreren Stücken ausgestellt und im Inland lediglich angenommen sind; weiter war zweifelhaft, wer in diesem Fall die Steuer zu zahlen hatte und in welchem Zeitpunkt sie zu entrichten war. Im

Urteil vom 18. Januar 1929 II A 592/28 (RFH Bd. 24 S. 329)[1]) hat der Reichsfinanzhof die Steuerpflicht dieser Wechsel bejaht und entschieden, daß die Steuer vom Annehmer zu entrichten ist, ehe der Wechsel bezahlt oder protestiert wird. Nach dieser Auslegung des § 12 Absatz 3 des bisherigen Gesetzes durch den Reichsfinanzhof unterlag der Steuer die Zahlung also auch dann, wenn im Ausland gezahlt wurde. Da die Steuer jedenfalls bei der Bezahlung des Wechsels zu entrichten war, konnte dem Annehmer im § 14 des bisherigen Gesetzes die unversteuerte Rückgabe der Ausfertigung uneingeschränkt gestattet werden.

Die Neufassung geht wie im § 1 Ziffer 1 Satz 2 davon aus, daß ein Rechtsvorgang, der sich im Ausland ereignet, der inländischen Steuer nicht unterworfen werden kann. Im § 2 Absatz 5 der Neufassung ist daher die Aushändigung der nicht zum Umlauf bestimmten Ausfertigung nur in dem Fall der Steuer unterworfen, daß eine nicht zum Umlauf bestimmte unversteuerte Ausfertigung im Inland bezahlt werden soll, ohne daß eine versteuerte Ausfertigung ausgeliefert wird. Das neue Gesetz paßt also im § 2 Absatz 5 die Vorschrift des § 12 Absatz 3 des bisherigen Gesetzes den Grundsätzen der Reichsabgabenordnung an und beseitigt die Zweifel, die bei der Anwendung des § 12 Absatz 3 entstanden waren. Die Vorschrift des § 2 Absatz 5 der Neufassung macht es erforderlich, die Möglichkeit der unversteuerten Aushändigung durch den inländischen Annehmer zu beschränken. Die Neufassung bringt mit dieser Regelung des Absatzes 3 Satz 2 keine neue Belastung für den inländischen Wechselverkehr, sondern verlegt nur die Verpflichtung zur Steuerentrichtung auf einen früheren Zeitpunkt.

Hat der inländische Annehmer eine nicht zum Umlauf bestimmte Ausfertigung, die ihm vom Ausland lediglich zur Annahme übersendet war, ausgehändigt und für die Aus-

---

[1]) Reichssteuerbl. 1929 S. 148.

händigung die Steuer entrichtet, so kann es zu einer Doppelbelastung des Wechsels kommen. Das wird der Fall sein, wenn das Umlaufstück im Inland ausgehändigt wird, z. B. wenn ein vom Ausland auf das Inland gezogener, im Inland zahlbarer Wechsel Zug um Zug gegen Zahlung ausgehändigt wird. Zur Vermeidung der Doppelbelastung ist im § 11 Absatz 2 Ziffer 2 der Neufassung die Erstattung der Steuer vorgesehen, die für die Aushändigung der nicht zum Umlauf bestimmten Ausfertigung vom inländischen Annehmer entrichtet ist. Diese Bestimmung dient dazu, die Regelung der Neufassung in sachliche Übereinstimmung mit dem bisherigen Gesetz zu bringen.

Der inländische Annehmer darf die ihm von einem ersten inländischen Inhaber zur Annahme übersendete, nicht zum Umlauf bestimmte Ausfertigung dem ersten inländischen Inhaber steuerfrei zurückgeben (§ 2 Absatz 3 Satz 2). Regelmäßig wird der erste inländische Inhaber eine inländische Bank sein. Dieser werden auf Grund eines Vollindossaments beide Ausfertigungen übersendet. Die inländische Bank übersendet eine Ausfertigung dem inländischen Bezogenen zur Annahme. Ist dies die nicht zum Umlauf bestimmte Ausfertigung, so kann sie der inländische Annehmer an die inländische Bank steuerfrei zurückgeben, wenn die Rückseite der Ausfertigung durchkreuzt ist (§ 2 Absatz 3 Satz 2). Die Steuer ist jedenfalls von der inländischen Bank zu entrichten, wenn sie das Umlaufstück aushändigt (§ 2 Absatz 1, § 1 Ziffer 1 zu b). Ist der inländischen Bank auf Grund eines Vollindossaments nur eine nicht zum Umlauf bestimmte Ausfertigung zur Akzepteinholung übersendet worden, während das Umlaufstück im Ausland verbleibt, so kann der inländische Annehmer die nicht zum Umlauf bestimmte Ausfertigung steuerfrei an die inländische Bank zurückgeben, wenn die Rückseite durchkreuzt ist, denn die Steuer ist von der inländischen Bank jedenfalls zu entrichten, wenn sie die Ausfertigung aushändigt. Die inländische Bank kann nämlich die Ausfertigung nur aushändigen, wenn sie ihr Indossament auf die Ausfertigung setzt. Die Ausfertigung unterliegt also nach § 2 Absatz 2 Ziffer 1 der Steuer, weil das Indossament der inländischen Bank nur auf der nicht zum Umlauf bestimmten Ausfertigung, also nicht auf dem Umlaufstück, enthalten ist. Hat der ausländische Aussteller der inländischen Bank nur eine nicht zum Umlauf bestimmte Ausfertigung auf Grund eines Blankoindossaments zur Akzepteinholung übersendet, während das Umlaufstück im Ausland bleibt, so kann der inländische Annehmer die nicht zum Umlauf bestimmte Ausfertigung steuerfrei an die inländische Bank zurückgeben, wenn die Rückseite durchkreuzt ist. Zwar ist die Steuer nicht von der inländischen Bank zu entrichten, wenn sie die Ausfertigung aushändigt, ohne das Blankoindossament auszufüllen. Die Steuer ist aber jedenfalls zu entrichten, wenn der Wechsel im Inland bezahlt werden soll, da der inländische Annehmer nur gegen die von ihm angenommene Ausfertigung Zahlung leistet.

Der inländische Annehmer kann schließlich eine ihm lediglich zur Annahme übersendete, nicht zum Umlauf bestimmte Ausfertigung an einen inländischen Verwahrer steuerfrei aushändigen. Das entspricht dem § 14 des bisherigen Gesetzes, ist allerdings im § 14 nicht ausdrücklich erwähnt. Im § 14 ist nur von der „Rückgabe" der angenommenen Ausfertigung die Rede. Die Aushändigung durch den Annehmer an einen Verwahrer ist keine Rückgabe, weil nicht der Verwahrer, sondern der Aussteller, Indossatar oder erste inländische Inhaber den Wechsel dem Bezogenen übersendet hat. Der § 14 ist aber immer dahin ausgelegt worden, daß auch die Aushändigung an einen Verwahrer eine Rückgabe im Sinn des § 14 ist (Hoffmann in Stengleins Kommentar zu den strafrechtlichen Nebengesetzen Bd. II 4. Aufl. S. 591, Anm. 4, Greiff, Kommentar zum Wechselsteuergesetz 2. Aufl. S. 73). Zur Klarstellung ist im § 2 Absatz 3 Satz 2 der Neufassung der Fall der Aushändigung an einen inländischen

Verwahrer ausdrücklich geregelt. Der Annehmer kann die Ausfertigung an einen inländischen Verwahrer steuerfrei aushändigen, weil im § 2 Absatz 4 Vorsorge dafür getroffen ist, daß die Steuer für den Wechsel jedenfalls einmal entrichtet wird.

Zu 2 Absatz 4

§ 2 Absatz 4 entspricht dem § 15 des bisherigen Gesetzes. Nach Artikel 66 des Wechselgesetzes hat, wer eine Ausfertigung zur Annahme versendet, auf den anderen Ausfertigungen den Namen dessen anzugeben, bei dem sich die versendete Ausfertigung befindet (Verwahrer). Der Verwahrer ist verpflichtet, die Ausfertigung dem rechtmäßigen Inhaber einer anderen Ausfertigung auszuhändigen. Zur Sicherung des Steueraufkommens ist im § 2 Absatz 4 Satz 1 der Neufassung bestimmt, daß der Steuer auch die Aushändigung einer nicht zum Umlauf bestimmten Ausfertigung durch den inländischen Verwahrer unterliegt, wenn die Ausfertigung mit einer Annahmeerklärung versehen und ihre Rückseite durchkreuzt ist. Von diesem Grundsatz sind im Absatz 4 Satz 2 Ausnahmen gemacht für die Fälle, in denen sichergestellt ist, daß die Steuer jedenfalls einmal entrichtet wird. Der Verwahrer kann die verwahrte Ausfertigung steuerfrei aushändigen, wenn ihm eine andere versteuerte Ausfertigung, z. B. das Umlaufstück, oder eine versteuerte Abschrift des Wechsels vorgelegt wird (§ 2 Absatz 4 Satz 2 Ziffer 1). Die im Absatz 4 Satz 2 Ziffer 2 vorgesehene Möglichkeit der steuerfreien Aushändigung geht auf das Gesetz vom 4. März 1909 zurück. Gedacht war an folgenden im Überseeverkehr vorkommenden Fall (Begründung zum Entwurf des Gesetzes vom 4. März 1909 wegen Änderung des Gesetzes, betreffend die Wechselstempelsteuer, vom 10. Juni 1869, Drucksache des Reichstags 1907/08 Nr. 910):

Von einem im Ausland in mehreren Ausfertigungen ausgestellten Wechsel wird eine nicht zum Umlauf bestimmte

Ausfertigung (Prima) dem inländischen Bezogenen durch Vermittlung einer inländischen Bank zur Annahme übersendet. Nach der Annahme gibt der Akzeptant die Prima der inländischen Bank steuerfrei (§ 2 Absatz 3 Satz 2 der Neufassung) zurück. Die inländische Bank ist Verwahrer der Prima. Eine weitere Ausfertigung, die auch nicht zum Umlauf bestimmt ist (Sekunda), wird einem anderen Inländer übersendet, damit dieser die Prima vom Verwahrer (Bank) abholen kann. Prima und Sekunda soll der Inländer zur Verfügung des Inhabers des Umlaufsstücks (Tertia) halten, das auch ins Inland übersendet wird. Das Umlaufstück soll im Inland ausgehändigt werden. Diese Aushändigung unterliegt der Steuer (§ 2 Absatz 1, § 1 Ziffer 1 zu b). Da also die Steuer jedenfalls für die Aushändigung des Umlaufstücks (Tertia) entrichtet wird, kann der Verwahrer (Bank) der Prima diese gegen die Sekunda steuerfrei aushändigen, wenn die Rückseite der Sekunda durchkreuzt und ihr so die Umlaufmöglichkeit genommen ist.

Die Möglichkeit der steuerfreien Aushändigung durch den inländischen Verwahrer ist im Absatz 4 Satz 2 Ziffer 2 gegenüber dem bisherigen Gesetz (§ 15) eingeschränkt. Der Verwahrer darf die verwahrte Ausfertigung gegen Vorlegung einer unversteuerten, durchkreuzten anderen Ausfertigung steuerfrei nur aushändigen, wenn der Wechsel im Inland zahlbar ist. Ist der Wechsel im Ausland zahlbar, dann besteht keine Gewähr dafür, daß die Steuer im Inland entrichtet wird. Beispiel: Bei einem vom Ausland auf das Inland gezogenen, im Ausland zahlbaren Wechsel bleibt das Umlaufstück (Tertia) im Ausland. Die Prima wird dem inländischen Bezogenen zur Annahme übersendet. Dieser soll die mit seiner Annahmeerklärung versehene Prima einem anderen Inländer als Verwahrer aushändigen. Diese Aushändigung ist steuerfrei, wenn die Rückseite der Ausfertigung durchkreuzt ist (§ 14 des bisherigen Gesetzes, § 2 Absatz 3 Satz 2 der Neufassung). Dem inländischen Verwahrer wird die Sekunda übersendet, damit er gegen diese die Prima ins Ausland aushändigt. Diese Aushändigung war nach § 15 des bisherigen Gesetzes steuerfrei. Denn nach § 12 Absatz 3 des bisherigen Gesetzes war die Steuer vom inländischen Annehmer jedenfalls zu entrichten, wenn der Wechsel im Ausland gegen Vorlegung der Prima und Sekunda bezahlt wurde (RFH Bd. 24 S. 329). Nach der Neufassung unterliegt die Aushändigung der Prima und Sekunda bei der Bezahlung des Wechsels der Steuer nicht, weil nicht im Inland gezahlt wird (§ 2 Absatz 5). Zur Sicherung des Steueraufkommens ist es daher erforderlich, die Möglichkeit der steuerfreien Aushändigung durch den Verwahrer einzuschränken, wenn der Wechsel im Ausland zahlbar ist und in diesem Fall bereits die Aushändigung der nicht zum Umlauf bestimmten Ausfertigung (Prima) durch den inländischen Verwahrer der Steuer zu unterwerfen. Eine Mehrbelastung des inländischen Wechselverkehrs tritt hierdurch nicht ein. Während nach dem bisherigen Gesetz der inländische Annehmer die Steuer im Zeitpunkt der Bezahlung des Wechsels entrichten mußte, ist nach der Neufassung der inländische Verwahrer im Zeitpunkt der Aushändigung der verwahrten Ausfertigung zur Steuerentrichtung verpflichtet.

Zu § 2 Absatz 5

§ 2 Absatz 5 entspricht dem § 12 Absatz 3 des bisherigen Gesetzes mit der Einschränkung, daß die Aushändigung der nicht zum Umlauf bestimmten Ausfertigung gegen Zahlung oder zum Zweck der Protesterhebung der Steuer nur dann unterliegt, wenn im Inland gezahlt oder protestiert werden soll. Nach § 12 Absatz 3 des bisherigen Gesetzes war, wie erwähnt, die Steuer auch dann vom inländischen Annehmer zu entrichten, wenn die Zahlung im Ausland geleistet oder der Protest im Ausland aufgenommen wurde. Das neue Gesetz unterwirft nur inländische Rechtsvorgänge der Steuer. Diese Einschränkung der Neufassung macht die

Änderungen, die in den Absätzen 3 und 4 gegenüber den entsprechenden Bestimmungen des bisherigen Gesetzes vorgenommen sind, erforderlich. § 2 Absatz 5 der Neufassung dient der Sicherung des Steueraufkommens. Wird eine Ausfertigung bezahlt, so erlöschen die Rechte aus allen Ausfertigungen, es sei denn, daß der Bezogene mehrere Ausfertigungen ausdrücklich angenommen hat (Artikel 65 Absatz 1 des Wechselgesetzes). Sind die Rechte aus allen Ausfertigungen erloschen, so besteht die Gefahr, daß die Ausfertigungen vernichtet werden und damit eine Prüfung, ob die Steuer ordnungsmäßig entrichtet ist, unmöglich wird. Es muß im Zeitpunkt der Bezahlung des Wechsels sichergestellt und nachprüfbar sein, daß die Steuer entrichtet ist. Wird bei einem vom Ausland auf das Inland gezogenen Wechsel das Umlaufstück vom ersten inländischen Inhaber erstmalig bei der Bezahlung des Wechsels ausgehändigt, so unterliegt diese Aushändigung der Steuer (§ 2 Absatz 1, § 1 Ziffer 1 zu b). Die gleichzeitige Aushändigung der nicht zum Umlauf bestimmten, mit der Annahmeerklärung versehenen Ausfertigung unterliegt der Steuer nach § 2 Absatz 5 nicht, obwohl nicht eine „versteuerte Ausfertigung", sondern eine gleichzeitig zu versteuernde Ausfertigung ausgehändigt wird. In diesem Fall ist die Entrichtung der Steuer für die Aushändigung des Umlaufstücks gewährleistet.

Die Vorschrift des § 12 Absatz 4 des bisherigen Gesetzes übernimmt das neue Gesetz nicht. Im § 12 Absatz 4 ist die Beweislast abweichend von dem Grundsatz, daß das Finanzamt das Vorliegen einer Steuerpflicht und das Fehlen der Voraussetzungen für eine Ausnahme von der Besteuerung nachzuweisen hat, in dem dort vorgesehenen Umfang dem Steuerpflichtigen auferlegt. Diese Regelung der Beweislast stellt eine Verfahrensvorschrift dar. Eine dem § 12 Absatz 4 des bisherigen Gesetzes entsprechende Bestimmung ist daher nicht in die Neufassung des Gesetzes aufgenommen worden, sondern soll in den Durchführungsbestimmungen getroffen werden.

Zu § 3

Wechselabschriften

Im § 3 der Neufassung ist die Bestimmung des § 13 des bisherigen Gesetzes sachlich unverändert übernommen worden.

Zu § 4

Wechsel

In den §§ 1 bis 3 ist bestimmt, welche Rechtsvorgänge der Steuer unterliegen. Im § 4 ist festgelegt, welche Urkunden als Wechsel anzusehen sind. Wechsel sind entsprechend der Einteilung des Wechselgesetzes (Artikel 1 und 75) gezogene und eigene Wechsel (Absatz 1). Nach § 4 Absatz 2 der Neufassung gilt auch der unvollständige Wechsel als Wechsel im Sinn des Gesetzes. Der Absatz 2 entspricht sachlich dem § 2 des bisherigen Gesetzes. In der Fassung ist der § 4 Absatz 2 des neuen Gesetzes dem Sprachgebrauch des Artikels 10 des Wechselgesetzes angepaßt. Im Artikel 10 des Wechselgesetzes hat der Blankowechsel gesetzliche Anerkennung gefunden. Der Blankowechsel ist im § 4 Absatz 2 des neuen Gesetzes als unvollständiger Wechsel bezeichnet.

Nach § 4 Absatz 2 der Neufassung gilt eine unvollständige Urkunde als Wechsel, wenn vereinbart ist, daß sie vervollständigt werden darf. Nach § 2 des bisherigen Gesetzes galt dies, wenn die Urkunde mit der Ermächtigung übergeben wurde, die fehlenden Erfordernisse zu ergänzen. Das neue Gesetz hat also den Ausdruck „Ermächtigung" durch „Vereinbarung" ersetzt. Damit knüpft es an das Wechselstempelgesetz vom 15. Juli 1909 (Reichsgesetzbl. S. 825) an, auf dem der § 2 des bisherigen Gesetzes beruhte. Im § 2 des Gesetzes vom 15. Juli 1909 war es auch auf eine Vereinbarung abgestellt. Durch das Gesetz vom 18. Juni 1923

(Reichsgesetzbl. I S. 403) wurde an die Stelle der „Vereinbarung" der Ausdruck „Ermächtigung" gesetzt. Das konnte zu der Auffassung führen, daß § 2 in Abweichung vom § 2 des Gesetzes vom 15. Juli 1909 nicht mehr eine Vereinbarung über die Berechtigung zur Ausfüllung der unvollständigen Urkunde voraussetze, sondern die einseitige Ermächtigungserklärung zur Begründung der Steuerpflicht genüge. Nach der Rechtsprechung des Reichsfinanzhofs ist unter der Ermächtigung zur Ergänzung eines unvollständigen Wechsels nicht die einseitige Ermächtigungserklärung, sondern die vereinbarte Ermächtigung, also die vom Empfänger eines unvollständigen Wechsels angenommene Ermächtigung zu dessen Ergänzung, zu verstehen (Reichsfinanzhof Bd. 14 S. 310)[1]. Der Reichsfinanzhof folgert dies daraus, daß durch das Gesetz vom 18. Juni 1923 das Wechselstempelgesetz vom 15. Juli 1909 lediglich der Reichsabgabenordnung angepaßt, sachlich dagegen nicht geändert werden sollte. Im Interesse der Klarstellung hat das neue Gesetz wieder den Ausdruck „Vereinbarung" aufgenommen.

Zu § 5

Wechselähnliche Urkunden

Die Umstellung im § 5 Absatz 1 der Neufassung beruht darauf, daß die Anweisung dem bezogenen Wechsel und der Verpflichtungsschein dem eigenen Wechsel entspricht und der gezogene Wechsel grundsätzlich vor dem eigenen Wechsel behandelt wird.

Zu § 6

Ausnahmen von der Besteuerung

Nach § 4 des bisherigen Gesetzes waren von der Wechselsteuer bestimmte Wechsel und wechselähnliche Urkunden be-

[1]) Reichssteuerbl. 1925 S. 67.

freit. Nach der Neufassung unterliegen Wechsel und wechselähnliche Urkunden nicht der Steuer, die Befreiung kann sich daher nicht auf diese Urkunden beziehen. Der Steuer unterliegt nach §§ 1 bis 3 der Neufassung die Aushändigung dieser Urkunden. Die Aushändigung muß daher für bestimmte Fälle von der Besteuerung ausgenommen werden. Das ist im § 6 der Neufassung geschehen.

Im § 4 Absatz 1 zu c des bisherigen Gesetzes waren die Vorschriften des Scheckgesetzes, denen der Scheck entsprechen muß, um von der Steuer befreit zu sein, einzeln aufgeführt. Das neue Gesetz sieht im § 6 Absatz 1 Ziffer 3 von einer Aufzählung der entsprechenden Vorschriften des neuen Scheckgesetzes ab, um das Gesetz von der Einzelverweisung zu entlasten. Den im § 4 Absatz 1 zu c des bisherigen Gesetzes angeführten Paragraphen des alten Scheckgesetzes entsprechen die Artikel 1 bis 3, 28, 54, 60 bis 62 des neuen Scheckgesetzes.

Das neue Gesetz hat gegenüber dem bisherigen Gesetz zwei weitere Ausnahmen von der Besteuerung aufgenommen. Diese Ausnahmen bestanden bereits nach bisherigem Recht, waren aber nicht im Gesetz selbst enthalten. Nach § 3 Absatz 2 der bisherigen Ausführungsbestimmungen standen den Platzanweisungen im Sinn der Befreiungsvorschrift des § 4 Absatz 1 zu d des bisherigen Gesetzes auf Sicht zahlbare Anweisungen gleich, die an einem Nachbarort des Ausstellungsorts zahlbar waren. Im § 3 Absatz 2 Ausf.-Best. war bestimmt, welche Orte als Nachbarorte anzusehen waren. § 3 der Ausführungsbestimmungen ist in den § 6 Absatz 1 Ziffer 4 des neuen Gesetzes übernommen worden.

Nach Artikel 2 der Verordnung vom 31. August 1916 (Reichsgesetzbl. S. 985) sind bestätigte Reichsbankschecks von der Entrichtung der Wechselsteuer befreit. Das war eine Ausnahme von der Besteuerung des § 4 Absatz 2 des bisherigen Gesetzes. Dabei konnte die Frage, ob die Bestätigung eines Schecks durch die Reichsbank einer Annahmeerklärung im

Sinn des Artikels 4 des Scheckgesetzes gleichstand, dahingestellt bleiben. Es ist nämlich im Schrifttum nicht unstreitig, ob der im Artikel 4 des Scheckgesetzes ausgesprochene Grundsatz, daß der Scheck nicht angenommen werden kann, durch die Zulassung der Bestätigung eines Reichsbankschecks durchbrochen ist. Jedenfalls ist zur Klarstellung im Artikel 2 der Verordnung vom 31. August 1916 die Befreiung des bestätigten Reichsbankschecks von der Wechselsteuer ausgesprochen worden. Diese Bestimmung ist in den § 6 Absatz 2 Satz 2 des neuen Gesetzes übernommen worden.

Zu § 7

Besteuerungsgrundlage

Im § 7 Absatz 2 der Neufassung sind die Vorschriften des § 8 Absatz 1 Satz 2 und des § 16 des bisherigen Gesetzes zusammengefaßt. § 8 Absatz 1 Satz 2 des bisherigen Gesetzes gab eine Berechnungsvorschrift für den Fall eines unvollständigen Wechsels, in dem die zu zahlende Geldsumme nicht angegeben war. § 16 des bisherigen Gesetzes enthielt den steuerlichen Tatbestand für die Wechselnachsteuer, d. h. für den Fall, daß in einem unvollständigen Wechsel nachträglich eine Geldsumme von mehr als 10000 Reichsmark eingetragen wurde. Bei dieser nachträglichen Eintragung handelt es sich nicht um einen Rechtsvorgang, der der Steuer zu unterwerfen wäre. Der Steuer unterliegt bereits die Aushändigung des unvollständigen Wechsels, weil dieser nach § 2 des bisherigen Gesetzes und nach § 4 der Neufassung als Wechsel im Sinn des Gesetzes gilt. Die Wechselsumme ist nur der Besteuerungsmaßstab. Die Frage, wonach die Steuer bei der Aushändigung eines unvollständigen Wechsels, der keine Wechselsumme enthält, zu berechnen ist, ist also nur eine Frage des Besteuerungsmaßstabs. Im § 7 Absatz 2 der Neufassung ist daher bestimmt, daß die Steuer bei einem solchen Wechsel jedenfalls nach einer Summe von

10 000 Reichsmark zu berechnen ist. Wird die Wechselsumme nachträglich in den Wechsel eingesetzt und ist sie höher als 10 000 Reichsmark, so ist die Steuer von der eingetragenen Geldsumme unter Anrechnung der bereits gezahlten Steuer zu berechnen (§ 7 Absatz 2 Satz 2 der Neufassung). Ist die nachträglich eingetragene Geldsumme niedriger als 10 000 Reichsmark, so wird auf Antrag ein entsprechender Steuerbetrag erstattet (§ 11 Absatz 2 Ziffer 3 der Neufassung).

Zu § 8

Steuersatz

Im § 8 der Neufassung sind die Bestimmungen der §§ 8 und 9 des bisherigen Gesetzes, in denen der Steuersatz und die Ermäßigung der Steuer zur Förderung der Aus- und Einfuhr geregelt waren, unverändert übernommen worden.

Zu § 9

Steuerschuldner

Im § 9 der Neufassung sind die Bestimmungen der §§ 6, 7 und 11 des bisherigen Gesetzes zusammengefaßt. Die Regelung des neuen Gesetzes stellt keine sachliche Änderung gegenüber dem bisherigen Gesetz dar. Die Unterscheidung des bisherigen Gesetzes zwischen der Haftung (§ 7) und der Steuerschuld der späteren Wechselinhaber (§ 11) hatte durch die Ausgestaltung der Haftung, wie sie in der Reichsabgabenordnung (§ 97 Absatz 2) vorgenommen ist, ihre Bedeutung verloren. Das neue Gesetz bringt die Vorschrift über die Steuerschuld und die Haftung in Übereinstimmung mit den Grundsätzen der Reichsabgabenordnung.

Das bisherige Gesetz führte im § 5 die Rechtsvorgänge auf, die die Steuerschuld zur Entstehung brachten. Derjenige, der eine dieser Handlungen vornahm, war Steuerschuldner (§ 6). Für die Steuerschuld dessen, der einen Wechsel im Zeitpunkt der Entstehung der Steuerschuld aus den Händen gab, hafteten alle am Umlauf des Wechsels im Inland beteiligten Personen (§ 7). Neben die Verpflichtung des Steuerschuldners (§ 5) zur Steuerentrichtung war im § 11 die Steuerentrichtungspflicht der späteren Wechselinhaber gesetzt. Die Unterscheidung zwischen den haftpflichtigen Personen (§ 7) und den zur Steuerentrichtung verpflichteten späteren Wechselinhabern (§ 11) ging auf das Gesetz, betreffend die Wechselstempelsteuer im Norddeutschen Bunde, vom 10. Juni 1869 zurück. Für die Verpflichtung zur Entrichtung der Steuer waren nach diesem Gesetz zwei Zeitpunkte von Bedeutung (Begründung zu dem Gesetz von 1869 a. a. O. S. 513), nämlich:

1. der Zeitpunkt, mit dem die Steuerpflicht beginnt. Dies war für die Verpflichtung des Ausstellers der Zeitpunkt der Ausstellung des Wechsels und für den späteren Wechselinhaber der Zeitpunkt, in dem er den Wechsel annimmt;
2. der Zeitpunkt, bis zu dem die Steuerpflicht erfüllt sein muß, wenn nicht die Strafbarkeit eintreten soll. Dies war der Zeitpunkt, in dem der unversteuerte Wechsel weiter in Umlauf gebracht wird oder sonst Geschäfte damit gemacht werden.

Der Zeitpunkt zu 1 bedeutete für alle, die für die Entrichtung der Steuer „solidarisch verhaftet" waren, daß in dem Zeitpunkt die Steuerschuld begann. Damit war aber nicht bestimmt, daß sie in dem Zeitpunkt auch die Steuern *selbst* entrichten mußten. In welchem Zeitpunkt die Steuerbehörde die für haftbar Erklärten zur Steuerentrichtung heranziehen konnte, war unklar. In dem maßgebenden Kommentar zum Wechselstempelgesetz von Greiff (2. Auflage S. 46) heißt es:

„*Wann* die Steuerbehörde den nur Haftbaren wegen der Abgabe in Anspruch nehmen kann, sagt das Gesetz nicht. Es ist anzunehmen, daß sie dies *sofort* kann, wenn jener

Teilnehmer am Wechselumlauf geworden ist. (also z. B. den Erwerber des Wechsels unmittelbar nach der Erwerbshandlung). Die Verwaltungspraxis scheint jedoch davon auszugehen, daß maßgebend sei der Zeitpunkt der vollständigen Erledigung des Wechsels (d. h. der Fälligkeitstag, falls an diesem die Wechselsumme gezahlt wird, oder der Tag, an dem der Bezogene, der gleichzeitig Indossator ist, den Wechsel vor Fälligkeit vernichtet oder wenigstens als erledigt fortlegt)."

Die Verpflichtung, die Steuer selbst zu entrichten, war also mit der Haftung nicht verbunden. Die Verpflichtung, die Versteuerung des Wechsels durch Verwendung von Steuermarken selbst zu vollziehen, entstand unabhängig von der Steuerschuld und neben dieser (Reichsgericht in Strafsachen Bd. 41 S. 231), und zwar für den Aussteller oder ersten inländischen Inhaber im Zeitpunkt der Aushändigung des Wechsels und für den späteren Wechselinhaber bei Vornahme einer der im § 11 bezeichneten Handlungen.

Die Unterscheidung zwischen den nur haftpflichtigen und den zur Steuerentrichtung verpflichteten Personen hatte für das Gesetz von 1869 eine besondere Bedeutung im Hinblick auf dessen sehr scharfe Strafbestimmungen. Der nur Haftende war zur Steuerentrichtung nicht verpflichtet. Eine Bestrafung wegen Unterlassung der Versteuerung konnte daher so lange nicht erfolgen, als der Haftende den Wechsel unversteuert im Besitz behielt. Erst mit der Weitergabe des Wechsels durch den Haftenden entstand für ihn die Verpflichtung zur Steuerentrichtung. Eine Bestrafung war also erst möglich, wenn der Wechsel vom Haftenden unversteuert weitergegeben wurde.

Während also die Steuerschuld (Haftung) grundsätzlich bereits mit dem Empfang des Wechsels einsetzte, entstand neben der Steuerschuld die Verpflichtung zur Steuerentrichtung erst mit der Weitergabe des empfangenen Wechsels.

Als durch das Gesetz vom 18. Juni 1923 das Wechselsteuergesetz der Reichsabgabenordnung angepaßt wurde, änderte sich die Rechtslage. Die Unterscheidung zwischen der Steuerschuld (Haftung) und der unabhängig von der Steuerschuld und neben ihr bestehenden Verpflichtung zur Steuerentrichtung war nicht mehr möglich. An die Stelle der Steuerschuld (Haftung) und der Verpflichtung zur Entrichtung der Steuer traten die Begriffe der Steuerschuld, der Haftung und der Fälligkeit. Die Verpflichtung zur Entrichtung der Steuer bestand nicht mehr neben der Steuerschuld und unabhängig von dieser. Die Steuerschuld umfaßte vielmehr neben anderen Verpflichtungen diejenige zur Entrichtung der Steuer. Diese Verpflichtung erwuchs mit der Entstehung der Steuerschuld. Der Zeitpunkt, in dem der entstandenen Verpflichtung nachzukommen war, d. h. in dem die Steuer fällig wurde, konnte zeitlich hinausgeschoben sein, konnte aber auch mit dem Zeitpunkt der Entstehung der Steuerschuld zusammenfallen. Nach § 10 des bisherigen Gesetzes wurde die Steuer mit Entstehung der Steuerschuld fällig. Der Steuerschuldner war also verpflichtet, im Zeitpunkt der Entstehung der Steuerschuld die Steuer zu entrichten. Der bürgerlich-rechtliche Unterschied zwischen Schuld und Haftung ist in der Reichsabgabenordnung stark zurückgedrängt (Becker, IV. Auflage S. 155). Der Haftende ist im § 97 Absatz 2 der Reichsabgabenordnung dem Steuerschuldner im wesentlichen gleichgestellt. Nach § 97 Absatz 2 der Reichsabgabenordnung gelten die Vorschriften für die Steuerpflichtigen sinngemäß für die, die nach den Steuergesetzen neben dem Steuerpflichtigen für die Steuer haften. Steuerpflichtiger ist nach § 97 Absatz 1 der Reichsabgabenordnung, wer nach den Steuergesetzen eine Steuer als Steuerschuldner zu entrichten hat. Für den Schuldner der Wechselsteuer (§ 6 des bisherigen Gesetzes) war bestimmt, daß er die Steuer im Zeitpunkt der Entstehung der Steuerschuld zu entrichten hatte. Diese Bestimmung galt für die nach

§ 7 des bisherigen Gesetzes für die Steuer haftenden Personen sinngemäß. Die für haftpflichtig erklärten Personen hatten dafür einzustehen, daß die Steuer vom Steuerschuldner im Zeitpunkt der Entstehung der Steuerschuld entrichtet war. War das nicht der Fall, dann traf den Haftenden die Verpflichtung, die Steuer so zu entrichten, wie sie der Steuerschuldner hätte entrichten müssen. Die Bestimmungen für den Steuerschuldner galten für den Haftenden „sinngemäß". Die Bedeutung der sinngemäßen Anwendung klert folgendes Beispiel:

Eine Bank nimmt einen nichtversteuerten Wechsel als Sicherheit an. Das ist erst in einem Zeitpunkt nach Entstehung der Steuerschuld möglich. Die für die Steuer haftende Bank kann daher die Steuer nicht, wie es der Verpflichtung des Steuerschuldners entspricht, im Zeitpunkt der Entstehung der Steuerschuld entrichten. Das wird ihr erst in dem Zeitpunkt möglich, in dem sie den Wechsel als Sicherheit annimmt. In diesem Zeitpunkt muß sie auch die Steuer entrichten. Das ergibt die „sinngemäße" Anwendung der Vorschrift für den Steuerschuldner.

Aus dieser Erkenntnis der Verpflichtungen des Haftenden folgt, daß die Aufnahme einer dem § 11 des bisherigen Gesetzes entsprechenden Bestimmung in das neue Gesetz nicht erforderlich ist. Die Haftung für die Steuer (§ 7 des bisherigen Gesetzes) setzte grundsätzlich mit dem Empfang des Wechsels ein; in dem Zeitpunkt waren also die Haftenden nach bisherigem Gesetz bereits zur Entrichtung der Steuer verpflichtet. Die Verpflichtung zur Entrichtung der Steuer auf Grund des § 11 des bisherigen Gesetzes entstand erst mit der Weitergabe des empfangenen Wechsels. Die Vorschrift des § 11 war also gegenüber der des § 7 gegenstandslos. Die Personenkreise des § 7 und des § 11 deckten sich allerdings nicht völlig. Im § 7 fehlten gegenüber § 11 die Worte:

„eine Quittung darauf setzt"
„den Wechsel aus den Händen gibt".

Um sachlich in Übereinstimmung mit dem bisherigen Gesetz zu bleiben, übernimmt das neue Gesetz daher aus dem § 11 die Worte „eine Quittung darauf setzt". Die Aufnahme der Worte „oder den Wechsel aus den Händen gibt" ist nicht erforderlich. Der Kreis der für die Steuer Haftenden ist im § 9 Absatz 2 der Neufassung so genau bestimmt, daß es einer allgemeinen Bestimmung, durch die etwa nicht ausdrücklich aufgeführte Personen noch als Haftende erfaßt werden könnten, nicht bedarf.

Auch von der Aufnahme einer dem § 11 Absatz 2 des bisherigen Gesetzes entsprechenden Bestimmung sieht das neue Gesetz ab. § 11 Absatz 2 beruht auf dem Gesetz vom 15. Juli 1909. In der Begründung zum Entwurf eines Gesetzes wegen Änderung des Wechselstempelgesetzes, vom 4. März 1909 heißt es über den Zweck dieser Vorschrift: „Daß eine Stempelpflicht besteht, ist für die Nachmänner nicht unter allen Umständen aus dem Wechsel zu ersehen ... Es empfiehlt sich, im Gesetz ausdrücklich zu bestimmen, daß in solchen Fällen die Nachmänner von der Stempelpflicht nicht weiter betroffen werden, als sie für sie erkenntlich oder von ihnen gekannt war" (Drucksachen des Reichstags 1907/1909 Nr. 1457). Die Vorschrift hatte ihre besondere Bedeutung im Hinblick auf die weitere Stempelpflicht für langfristige Wechsel, die auch durch das Gesetz vom 15. Juli 1909 eingeführt, durch das Gesetz zur Änderung des Wechselsteuergesetzes, vom 29. Juni 1929 (Reichsgesetzbl. I S. 124) aber wieder beseitigt war. Die Bestimmung war auch im Hinblick auf die scharfen Strafbestimmungen des Gesetzes vom 15. Juli 1909 geboten. Für die nach § 7 des bisherigen Gesetzes haftpflichtigen Personen bestand eine dem § 11 Absatz 2 entsprechende Einschränkung der Haftung nicht. Die Haftung (§ 7) war also auch gegeben, wenn den im § 7 aufgeführten Personen die Umstände nicht bekannt oder erkennbar waren, die die Entstehung der Steuerschuld bedingten. Nach dem bisherigen Gesetz waren also die im § 11 genannten Personen, soweit sie auch im § 7 als haftend aufgeführt waren, wegen ihrer Haftung für die Steuer verpflichtet, die Steuer auch dann zu entrichten, wenn das Bestehen einer Steuerschuld ihnen unbekannt oder nicht erkennbar war. Das neue Gesetz ändert also die Rechtslage nicht, wenn es eine dem § 11 Absatz 2 des bisherigen Gesetzes entsprechende Bestimmung nicht übernimmt. Bedenken wegen der strafrechtlichen Verantwortlichkeit der Haftenden bestehen nicht. Die Nichterfüllung der Verpflichtung zur Entrichtung der Steuer ist kein „Formdelikt" mehr, bei dem es auf ein Verschulden überhaupt nicht ankommt. Eine Bestrafung kann nach den Grundsätzen der Reichsabgabenordnung nur erfolgen, wenn dem Täter Vorsatz oder Fahrlässigkeit bei der Unterlassung der Steuerentrichtung nachgewiesen wird.

Zu § 10

Fälligkeit

Der § 10 der Neufassung entspricht sachlich dem § 10 des bisherigen Gesetzes.

Zu § 11

Erstattung

Im § 11 Absatz 1 der Neufassung ist die Bestimmung des § 19 Satz 1 des bisherigen Gesetzes sachlich unverändert übernommen worden. Die Wechselsteuer wird regelmäßig entrichtet, ohne daß sie festgesetzt wird. Hat der Steuerpflichtige eine Wechselsteuer zu Unrecht entrichtet, so hat er einen Rechtsanspruch auf Erstattung. Ist die Steuer auf Grund einer Festsetzungsverfügung des Finanzamts entrichtet, so sind gegen diese die Rechtsmittel der Reichsabgabenordnung gegeben. Ist der Steuerpflichtige der Auffassung, daß die Steuer von ihm zu Unrecht gefordert wird, so muß er ein Rechtsmittel einlegen. Ist die Steuer rechtskräftig festgesetzt, so kann eine Erstattung mit der Begründung, daß die Steuer zu Unrecht entrichtet sei, nicht beansprucht werden.

Die Regelung des § 11 Absatz 2 Ziffer 1 ist erforderlich, um eine Mehrbelastung des inländischen Wechselverkehrs gegenüber dem bisherigen Gesetz auszugleichen, die durch die Fassung des § 1 Ziffer 1 Satz 2 des neuen Gesetzes entstehen könnte. Nach § 5 Absatz 2 des bisherigen Gesetzes konnte der inländische Aussteller den Wechsel steuerfrei aushändigen, wenn er ihn dem ausländischen Bezogenen lediglich zur Annahme übersandte. Lehnte der ausländische Bezogene die Annahme ab, so war keine Steuer zu entrichten. Nach § 1 Ziffer 1 zu a der Neufassung muß der inländische Aussteller, der einen Wechsel dem ausländischen Bezogenen lediglich zur Annahme übersendet, die Steuer vor der Übersendung entrichten. Lehnt der ausländische Bezogene die Annahme ab, so hat der Aussteller die Steuer für einen Wechsel entrichtet, der keine wirtschaftliche Bedeutung erlangt hat. Die Steuer ist daher dem inländischen Aussteller auf seinen Antrag zu erstatten. Damit ist die Regelung des neuen Gesetzes in Übereinstimmung mit dem bisherigen Gesetz gebracht.

Auch die Regelung des § 11 Absatz 2 Ziffer 2 ist erforderlich, um eine Mehrbelastung des inländischen Wechselverkehrs gegenüber dem bisherigen Gesetz zu vermeiden, die durch die Fassung des § 2 Absatz 3 des neuen Gesetzes entstehen könnte. Sendet der inländische Annehmer eine zum Umlauf im Inland nicht bestimmte Ausfertigung, die ihm vom ausländischen Aussteller lediglich zur Annahme übersendet war, an den ausländischen Aussteller unmittelbar zurück, so unterliegt die Aushändigung der Ausfertigung durch den Annehmer der Steuer (§ 2 Absatz 3 Satz 1 der Neufassung). Die Ausnahme von der Besteuerung gilt nur für den Fall der Aushändigung an den inländischen Aussteller (§ 2 Absatz 3 Satz 2 der Neufassung). Nach § 14 des bisherigen Gesetzes war der Annehmer auch dann zur Versteuerung nicht verpflichtet, wenn er den Wechsel an den ausländischen Aussteller zurückgab. Wird das Umlaufstück später im Inland ausgehändigt, was bei einem vom Ausland auf das Inland gezogenen, im Inland zahlbaren Wechsel spätestens bei der Bezahlung des Wechsels geschehen muß, so entsteht nach dem neuen Gesetz eine Doppelbelastung des Wechsels. Im § 11 Absatz 2 Ziffer 2 der Neufassung ist daher die Erstattung der Steuer vorgesehen, wenn der inländische Annehmer eine nicht zum Umlauf bestimmte Ausfertigung, die ihm lediglich zur Annahme übersendet oder vorgelegt war, ausgehändigt und die Aushändigung einer anderen Ausfertigung der Steuer unterlegen hat. Damit ist die sachliche Übereinstimmung des neuen Gesetzes mit dem bisherigen Gesetz gewahrt.

Im § 11 Absatz 2 Ziffer 3 ist die Bestimmung des § 19 Satz 2 des bisherigen Gesetzes sachlich unverändert übernommen.

Zu §§ 12 bis 14

Die §§ 12 bis 14 der Neufassung entsprechen sachlich dem bisherigen Gesetz, und zwar

§ 12 der Neufassung dem § 18 des bisherigen Gesetzes,
§ 13 der Neufassung dem § 21 des bisherigen Gesetzes,
§ 14 der Neufassung dem § 26 des bisherigen Gesetzes.

Der § 24 des bisherigen Gesetzes, der das Verhältnis der Wechselsteuer zu den Steuern der Länder betraf, ist in das neue Gesetz nicht aufgenommen worden. § 24 verbot den Ländern die Steuererhebung von den dem Wechselsteuergesetz unterliegenden Wechseln und wechselähnlichen Urkunden sowie von den auf diese Urkunden gesetzten Übertragungs- und sonstigen Vermerken. Da solche Steuern der Wechselsteuer gleichartig sind, fallen sie bereits unter das allgemeine Verbot des § 2 Absatz 2 des Finanzausgleichsgesetzes. Das Einzelverbot des § 24 des bisherigen Gesetzes ist also überflüssig. Das Recht der Länder, Proteste zu besteuern, bleibt nach wie vor unberührt, da eine Steuer auf Protesturkunden der Wechselsteuer oder einer anderen Reichssteuer nicht gleichartig im Sinn des § 2 des Finanzausgleichsgesetzes ist.

Durchführungsbestimmungen zum Wechselsteuergesetz

Vom 2. September 1935

Auf Grund von § 7 Absatz 3 des Wechselsteuergesetzes, § 12, § 24 Absatz 2 der Reichsabgabenordnung wird folgendes bestimmt:

1. Zuständigkeit

§ 1

Sachliche Zuständigkeit

(1) Die Wechselsteuer wird von den Finanzämtern unter Aufsicht der Präsidenten der Landesfinanzämter und unter der obersten Leitung des Reichsministers der Finanzen verwaltet.

(2) Sachlich zuständig zur Verwaltung der Wechselsteuer sind die Finanzämter, denen die Verwaltung der Kapitalverkehrsteuern übertragen ist.

§ 2

Örtliche Zuständigkeit

Örtlich zuständig zur Verwaltung der Wechselsteuer ist das Finanzamt (§ 1 Absatz 2), das zuerst mit der Sache befaßt wird (§ 76 Ziffer 4 der Reichsabgabenordnung).

2. Umrechnung fremder Währungen

§ 3

(1) Ist die Wechselsumme in ausländischer Währung ausgedrückt, so wird für ihre Umrechnung in Reichswährung der vom Reichsminister der Finanzen für die Währung festgesetzte Mittelwert zugrunde gelegt.

(2) Ist für die Währung ein Mittelwert nicht festgesetzt, so sind in der nachstehenden Reihenfolge maßgebend:

1. der Mittelkurs zwischen dem an der Berliner Börse amtlich festgestellten Brief- und Geldkurs für Auszahlungen. Maßgebend ist die Kursfeststellung an dem der Fälligkeit der Steuer vorangehenden Börsentag. Ist an diesem Tag ein Kurs nicht amtlich festgestellt worden, so gilt die unmittelbar vorhergehende amtliche Feststellung;
2. der Preis der Währung, der von der Berliner Bedingungsgemeinschaft für den Wertpapierverkehr ermittelt wird;
3. die Londoner Notiz für die Währung. Der hierbei errechnete Pfundbetrag wird nach dem Mittelwert für das Pfund Sterling in Reichswährung umgerechnet.

3. Entrichtung der Steuer

§ 4

Art und Zeit der Steuerentrichtung

(1) Die Steuer wird durch Verwendung von Wechselsteuermarken entrichtet. Zur Verwendung gehört das Aufkleben (§§ 8, 9) und Entwerten (§ 10) der Marken.

(2) Der Steuerschuldner (§ 9 Absatz 1 des Gesetzes) muß die Steuer entrichten, bevor er den Wechsel aushändigt.

(3) Ist die Steuer vom Steuerschuldner nicht entrichtet, so ist der Haftende (§ 9 Absatz 2 des Gesetzes) und, solange die Steuer nicht entrichtet ist, jeder weitere Haftende zur Entrichtung der Steuer verpflichtet:

1. bevor er eine Wechselerklärung auf den Wechsel setzt (§ 9 Absatz 2 Ziffer 1 des Gesetzes). Hat der Haftende vor Entstehung der Steuerschuld eine Wechselerklärung auf den Wechsel gesetzt, so ist er zur Entrichtung der Steuer verpflichtet, sobald er den Wechsel wiedererhält;
2. sobald er den Wechsel für eigene oder fremde Rechnung erwirbt, ihn als Sicherheit annimmt oder bevor er ihn veräußert oder verpfändet (§ 9 Absatz 2 Ziffer 2 des Gesetzes);
4. bevor er mangels Annahme oder Zahlung Protest erheben läßt (§ 9 Absatz 2 Ziffer 4 des Gesetzes).

§ 5

Ausfertigung mehrerer Stücke eines Wechsels, Beweislast

Der Steuerschuldner oder Haftende hat auf Verlangen des Finanzamts nachzuweisen

1. im Fall des § 2 Absatz 1 des Gesetzes:
   daß eine versteuerte Ausfertigung vorhanden ist;
2. im Fall des § 2 Absatz 2 des Gesetzes:
   daß die auf eine unversteuerte Ausfertigung gesetzte Wechselerklärung auch auf einer versteuerten Ausfertigung abgegeben ist;
3. im Fall des § 2 Absatz 5 des Gesetzes:
   daß bei Bezahlung einer nicht zum Umlauf bestimmten unversteuerten Ausfertigung auch eine versteuerte Ausfertigung ausgeliefert ist.

§ 6

Beschreibung der Marken

(1) Die Wechselsteuermarken lauten auf Steuerbeträge von 10, 20, 30, 40, 50, 60, 80 Reichspfennig, 1, 2, 5, 10, 20, 50, 100, 200, 500 Reichsmark.

(2) Die Marken haben die Form eines liegenden Rechtecks. Das Markenbild ist 38 Millimeter lang und 20,5 Millimeter hoch.

(3) Die Marken zu 10, 20, 30, 40, 50, 60 und 80 Reichspfennig und die Marken zu 1, 2, 5, 10, 20 und 50 Reichsmark tragen am oberen Rand in einer schmalen Leiste die Worte „Deutsche Wechselsteuer" in weißen Großbuchstaben. In der linken oberen Ecke erscheint auf weißem Grunde der Reichsadler. Die Marken werden in einfarbigem Buchdruck, und zwar die Werte zu 10, 20, 30, 40, 50, 60 und 80 Reichspfennig in grüner, die Werte zu 1, 2, 5, 10, 20 und 50 Reichsmark in blauer Farbe, hergestellt. Der Wertbetrag der Marken ist bei den Werten zu 10, 20, 30, 40, 50, 60, 80 Reichspfennig, 1, 2 und 5 Reichsmark in den vier Ecken, bei den Werten zu 10, 20 und 50 Reichsmark in der linken oberen Ecke in Zahlen in grünschwarzer Farbe aufgedruckt. Er ist

unterhalb der Zeile „Deutsche Wechselsteuer" in grünschwarzen Buchstaben wiederholt und bei den Werten zu 1, 2, 5, 10, 20, 50 Reichsmark in der Mitte der unteren Markenhälfte durch Aufdruck einer großen, grünschwarz gestrichelten Zahl nochmals wiedergegeben. Unter der Wertangabe in Buchstaben steht in grünschwarzer Farbe die Zeile: „Entwertet am:".

(4) Die Marken zu 100, 200 und 500 Reichsmark werden in zweifarbigem Buchdruck, rotbraun und blau, hergestellt. Sie sind mit einem gelbbraun gestrichelten Untergrund als Schutzdruck versehen und tragen in einer den oberen Rand der Marken in ganzer Länge ausfüllenden Leiste die Worte „Deutsche Wechselsteuer" in rotbrauner Farbe auf blauem Grunde. Das verbleibende, blau-rotbraune Markenfeld zeigt ein verschlungenes Linienwerk als Untergrund und in der Mitte den Reichsadler in blauer Farbe. Der Wertbetrag der Marken ist unterhalb der Zeile „Deutsche Wechselsteuer" in Zahlen und Buchstaben in grünschwarzer Farbe aufgedruckt. Darunter steht in gleicher Farbe die Zeile: „Entwertet am:", unter der der Wertbetrag durch Aufdruck einer großen, grünschwarz gestrichelten Zahl wiederholt ist.

§ 7

Herstellung und Verkauf der Marken

(1) Die Wechselsteuermarken werden von der Reichsdruckerei hergestellt und ausschließlich an die vom Reichspostminister bestimmten Dienststellen der Reichspostverwaltung geliefert.

(2) Die Marken werden durch die vom Reichspostminister bestimmten Postanstalten zum Preis der auf ihnen angegebenen Steuerbeträge verkauft. Die Postämter halten mindestens fünf der bei ihnen vorwiegend verlangten Markenwerte zum Verkauf vorrätig. Die Postagenturen, bei denen eine Nachfrage besteht, führen die drei gangbarsten Markenwerte.

§ 8

Anbringung der Marken

(1) Die Wechselsteuermarken sind auf der Rückseite des Wechsels an einer nicht beschriebenen oder bedruckten Stelle aufzukleben, und zwar

1. wenn die Rückseite des Wechsels noch unbeschrieben und mit Steuermarken nicht versehen ist:
   unmittelbar am Rand einer Schmalseite;
2. wenn die Rückseite des Wechsels bereits Wechselerklärungen enthält oder Steuermarken trägt, denen Wechselerklärungen folgen:
   unmittelbar unter der letzten Wechselerklärung;
3. wenn die Rückseite des Wechsels Steuermarken trägt, denen eine Wechselerklärung nicht folgt:
   unmittelbar neben oder unter den bereits aufgeklebten Marken.

(2) Werden zur Entrichtung eines Steuerbetrags mehrere Marken verwendet, so sind sie zunächst unmittelbar nebeneinander und, wenn der Raum nicht ausreicht, unmittelbar untereinander aufzukleben.

§ 9

Niederschrift von Wechselerklärungen

(1) Wird die erste Wechselerklärung, die im Inland auf die Rückseite des Wechsels gesetzt wird, nicht unterhalb der zur Entrichtung der Wechselsteuer verwendeten Wechselsteuermarken niedergeschrieben, so gelten die Marken als nicht verwendet gegenüber dem, der die Wechselerklärung abgegeben hat, und seinen Nachmännern. Der Vermerk „ohne Protest", „ohne Kosten" oder ein gleichbedeutender Vermerk darf neben der Marke niedergeschrieben werden.

(2) Ist die erste Wechselerklärung, die im Inland auf die Rückseite des Wechsels gesetzt wird, versehentlich oberhalb der Wechselsteuermarken oder neben ihnen niedergeschrieben worden, so gelten die Marken als richtig verwendet, wenn die Wechselerklärung vor Weitergabe des Wechsels durchstrichen wird.

(3) Auf einem im Inland ordnungsmäßig versteuerten und im Ausland weiterbegebenen Wechsel gelten die Wechselsteuermarken auch dann als richtig verwendet, wenn die erste im Inland abgegebene Wechselerklärung, die den im Ausland abgegebenen Wechselerklärungen nachfolgt, nicht unterhalb der Marken, sondern unterhalb der ausländischen Wechselerklärungen niedergeschrieben ist.

§ 10

Entwertung der Marken

(1) Die aufgeklebten Wechselsteuermarken sind in der Weise zu entwerten, daß in jede einzelne Marke der Tag der Entwertung eingetragen wird. Es darf nur der Tag eingetragen werden, an dem die Marke tatsächlich entwertet wird, auch wenn dieser Tag nicht der Ausstellungstag des Wechsels ist. Bei der Eintragung sind der Tag und das Jahr mit arabischen Ziffern, der Monat mit Buchstaben einzutragen. Allgemein übliche und verständliche Abkürzungen der Monatsangabe und die Weglassung der beiden ersten Zahlen der Jahresbezeichnung sind zulässig (z. B. 15. Okt. 35). Dem Entwertungsvermerk darf die Firma oder der Name des Verwendenden ganz oder teilweise hinzugefügt werden, wenn der Wertaufdruck der Marke und die ordnungsmäßige Versteuerung erkennbar bleiben. Unter diesen Voraussetzungen darf die Firma oder der Name des Verwendenden auch durch Durchlochung der Marke angebracht werden.

(2) Der Tag der Entwertung ist in deutlichen Schriftzeichen mit Tinte, mit Schreibmaschine oder durch Stempelaufdruck einzutragen. Der Entwertungsvermerk soll an der durch den Vordruck bezeichneten Stelle stehen; er muß in seinem ganzen Umfang auf der Marke enthalten sein. Radierungen, Durchstreichungen und Überschreibungen auf der Marke sind unzulässig.

§ 11

Unrichtig verwendete Marken

(1) Wechselsteuermarken, die nicht richtig verwendet worden sind (§§ 8 bis 10), gelten als nicht verwendet.

(2) Die unrichtige Verwendung darf dadurch richtiggestellt werden, daß der Wechsel einem Finanzamt vorgelegt und die Marken vom Finanzamt mit einem Aufdruck seines Dienststempels versehen werden. Das Finanzamt hat den Aufdruck des Dienststempels abzulehnen, wenn der Verdacht der Steuerhinterziehung oder Steuergefährdung besteht.

(3) Zur Abstempelung unrichtig verwendeter Wechselsteuermarken (Absatz 2) sind auch die mit der Verwaltung der Wechselsteuer nicht befaßten Finanzämter zuständig.

4. Umtausch und Ersatz von Marken

§ 12

Umtausch unbeschädigter Marken

(1) Unversehrte Wechselsteuermarken dürfen von den Postanstalten gegen Wechselsteuermarken anderer Wertbeträge umgetauscht werden.

(2) Die Marken werden von der Postanstalt vor der Rücknahme auf Echtheit und Unversehrtheit geprüft. Gibt die Prüfung zu Bedenken Anlaß, so entscheidet das zuständige Finanzamt (§ 1 Absatz 2), ob die Marken echt und unversehrt sind.

(3) Für den Umtausch von Wechselsteuermarken wird eine Gebühr nach der Verordnung vom 3. Juli 1924 (Reichsministerialbl. S. 237, Reichssteuerbl. S. 171) erhoben.

§ 13

Ersatz beschädigter Marken

(1) Beschädigte Wechselsteuermarken dürfen von den Postanstalten auf Antrag ersetzt werden, wenn von den Marken noch kein oder doch kein solcher Gebrauch gemacht worden ist, daß durch den Ersatz das Steueraufkommen gefährdet wird. Der Ersatz ist ausgeschlossen, wenn auf den Marken Radierungen, Durchstreichungen oder Überschreibungen vorgenommen worden sind oder wenn die Marken von den Urkunden abgelöst oder aus ihnen ausgeschnitten worden sind. Marken, die einen Entwertungsvermerk tragen, werden nicht ersetzt.

(2) Die Marken werden von der Postanstalt vor der Übernahme auf Echtheit geprüft. Die Postanstalt leistet Ersatz nur in Wechselsteuermarken. Den Wünschen des Antragstellers hinsichtlich der herauszugebenden Markenwerte soll nach Möglichkeit entsprochen werden. Die zurückgenommenen Marken werden nach Anweisung der Reichspostverwaltung vernichtet.

(3) Lehnt die Postverwaltung den Ersatz beschädigter Wechselsteuermarken ab, so darf ein Antrag auf Ersatz beim zuständigen Finanzamt (§ 1 Absatz 2) gestellt werden. Das Finanzamt leistet Ersatz nur in bar. Die zurückgenommenen

Marken werden beim Finanzamt in Gegenwart von zwei Beamten vernichtet. Über die Vernichtung wird eine Verhandlung aufgenommen; diese wird Beleg zur Auszahlungsbuchung. Auf Wechselsteuermarken, deren Ersatz das Finanzamt ablehnt, ist dies mit roter Tinte zu vermerken, wenn die Marken nicht in amtlicher Verwahrung bleiben. Gegen einen ablehnenden Bescheid des Finanzamts ist die Beschwerde nach den §§ 237, 303 der Reichsabgabenordnung gegeben.

(4) Für den Ersatz von Wechselsteuermarken wird eine Gebühr nach der Verordnung vom 3. Juli 1924 (Reichsministerialbl. S. 237, Reichssteuerbl. S. 171) erhoben.

5. Erstattung der Steuer

§ 14

Die Steuer wird in den Fällen des § 11 des Gesetzes nicht erstattet, wenn die Wechselsteuermarken von den Wechseln abgelöst oder aus ihnen ausgeschnitten sind.

6. Aufbewahrung von Wechseln

§ 15

Wechsel, die den Vorschriften des Wechselsteuergesetzes unterliegen, müssen fünf Jahre, von der Fälligkeit des Wechsels ab gerechnet, aufbewahrt werden. Wechselsteuermarken, die sich auf den Wechseln befinden, dürfen nicht abgetrennt werden.

7. Wechselähnliche Urkunden

§ 16

Die für Wechsel gegebenen Bestimmungen gelten entsprechend für unvollständige Wechsel (§ 4 Absatz 2 des Gesetzes) und für wechselähnliche Urkunden (§ 5 des Gesetzes).

8. Nachprüfungen zur Durchführung des Gesetzes

§ 17

(1) Die §§ 91 bis 98, 100 der Durchführungsbestimmungen zum Kapitalverkehrsteuergesetz, vom 17. Dezember 1934

(Reichsministerialbl. S. 839, Reichssteuerbl. S. 1593) finden auf die Nachprüfungen zur Durchführung des Wechselsteuergesetzes entsprechend Anwendung.

(2) Die Nachprüfungen zur Durchführung des Wechselsteuergesetzes sollen mit den Nachprüfungen zur Durchführung des Kapitalverkehrsteuergesetzes verbunden werden. Alle Betriebsprüfungen sollen auf die Zwecke der Wechselsteuer erstreckt werden.

(3) Wird bei der Prüfung von der geprüften Stelle eine Beanstandung nicht anerkannt oder sind die Wechsel, zu denen eine Steuer nachzubringen ist, nicht erreichbar, so sind die fehlenden Wechselsteuermarken zu den Prüfungsakten des Finanzamts einzureichen und durch Aufdruck des Dienststempels zu entwerten.

(4) Die Finanzämter zeigen alljährlich bis zum 15. Februar dem Präsidenten des Landesfinanzamts, der Präsident des Landesfinanzamts zeigt dem Reichsminister der Finanzen alljährlich bis zum 1. April die Höhe der Steuerbeträge an, die im abgelaufenen Kalenderjahr auf Grund von Prüfungen nachgebracht worden sind.

9. Schlußbestimmung

§ 18

Mit Wirkung vom Inkrafttreten dieser Bestimmungen ab treten die Ausführungsbestimmungen zum Wechselsteuergesetz, vom 20. November 1930 (Reichsministerialbl. S. 651) außer Kraft.

Berlin, den 2. September 1935.

Der Reichsminister der Finanzen

Im Auftrag

Hedding

Sachverzeichnis

W = Wechsel
WSt = Wechselsteuer
WStG = Wechselsteuergesetz
G = Gesetz
B = Begründung
D = Durchführungsbestimmungen
Ziffern = Seitenzahlen

Kolibri 360 GmbH
Ferdinand-Jühlke-Straße 7
99095 Erfurt, Deutschland
produktsicherheit@kolibri360.de